「学ぶ」という行為をないがしろにしていると、
人間はバカになります。

はじめに

2021年5月。

ウェブサイトを眺めていると、とあるニュースが目に飛び込んできました。

【「いちばん信頼している／参考にしているインフルエンサー」は「ひろゆき」が2位】

なんと、15～24歳までの人たちを調査対象にしたランキングに僕の名前が挙がっていたのですね。しかもＨＩＫＡＫＩＮさんに次いで総合2位だったらしいのです。

当事者としては「ありがたいな」とは思いつつも、「なんとも複雑」というのが率直な感想だったりします。というのも、僕は適当に自分の考えを伝えているだけで、それを信頼されてもなぁ……と思うからです。

んじゃ、なんでこういう結果になったのかと考えたのですが、それは僕のメディア露出が増えたことに加えて、単にほかの大人の信頼度が下がりすぎているからではないかと。

SNSにはデマや誤情報が流れ、政治家や官僚がウソをつき、大学の先生までもが根拠のないことを言ってしまうという、もはや「ウソが当たり前」となりつつあるのが昨今の日本です。

かつては信頼性が高かったはずの大手の報道機関までもが、ウソつきの人たちの虚言・妄言をしかるべき検証もせずに垂れ流しています。

僕は過去に「ウソをウソと見抜けない人は（2ちゃんねるを）使うべきではない」と言いましたが、それがネット全体どころか、従来のマスメディアにまで波及しているような気がしています。

今の時代、ほとんどのことはネットでググれば自分で調べることができます。正しく検索できる力や正しく理解できる読解力があれば、プログラミングやウェブデザイン、料理や外国語、スポーツといったことまで、だいたいのことは独学でも学べてしまう、とても便利な世の中になっているのですね。

ひとりで取り組むにしても、学校に通うにしても、「学ぶ」という行為をないがしろにしていると、人間はバカになります。自分のアタマで思考することを放棄すると、悪い大人たちのウソにダマされ損をして人生をムダにします。

だから、信頼できる「と、思われる」インフルエンサーなんかに頼っていないで、「なんで?」「どうして?」と自分のアタマで疑問を抱き、自分の力で情報をとりにいく癖をつけたほうがいいと思うのです。

そんなタイミングで、「独学」をテーマにした本書を上梓《じょうし》してみました。

僕なりの「学ぶための前提」や「学ぶうえで必要なこと」といった、独学を志す人にとっての土台や支柱となるようなトピックスを集めている感じです。
そこかしこにはびこるウソにダマされないで上手に生きていくには、意外と独学の力が使えるということがわかると思いますよ……。

2021年7月　ひろゆき

無敵の独学術　目次

第1章 ゴールをはっきりさせる

第2章 モチベーションを上げる

第3章

パクる

第4章

力を伸ばす

第5章 情報を集める

第6章 効率アップする

第 0 章

バカは独学禁止！

バカは学校へ行こう

今の時代、たいていのことは独学で学ぶことができます。

というのも、インターネットが普及したことで、苦労せずに世界中の膨大な情報を手に入れることができるからです。

でも、そうした玉石混交の情報の山から自分に必要なものを選びとり、独学で自分の血肉としていくためには、たとえばですが、次のような学力が必要です。

ひとつが、物事について調べる「検索力」。もうひとつが、教科書や本を読んで理解する「読解力」です。

検索力がなければ、そもそも必要な文献にたどりつけません。たどりつけたとしても、書かれていることを理解できる読解力がなければ、学ぼうと思っても難しい。

そうした最低限の学力がない人には、ぶっちゃけ独学は無理です。

バカに独学は無理

受験勉強でいうならば、そもそも自分が「何がわからないのかすら、わからない」状態。そんな状況で大学に独学で受かりたいと考えるのは、あまりに無謀な話です。教科書をどう読めばいいかもわかりません、どんな出題傾向があるのかもわかりません、でも大学には受かりたいです、だから独学で頑張ります！　と言っている人がいたら厳しいだろうなと思うのは普通のことですよね……。

そこで背伸びして独学にチャレンジしたところで、時間ばかりかかって理解が追いつかないので、コスパは非常に悪いです。

厳しいことを言うようですが、バカに独学は無理です。

では、バカな人はどうしたらいいのか？

答えは学校に行くことです。

独学をあきらめて、きちんと優秀な先生に教わるのです。

基礎学力のない人たちを何人も教えてきた先生や、苦手を克服した経験をもつ先輩の力を借りて基礎を固めていき、勉強のやり方を筋道立てて学ぶしかありません。

独学でエリートに追いつけるわけない

さらに厳しいことを言うと、もともと能力の低い人が、もともと能力が高い人に独学で追いつくことは不可能です。

いわゆるエリートと呼ばれている人たちは、もともと能力が高いうえに学習の量や質もすぐれている、いわば「ずっと成長を続けてきた人たち」なのですね。

そういう人たちは、疑問や問題に直面したときに自力で情報にアクセスでき、自分のアタマで思考できるので、学校で「学び方」を学ぶ必要はありません。

つまり、独学でも成長を続けていける人たちなのです。

でも、能力のない人がその方法論を真似《まね》しても、追いつくどころか距離が離されてしまう一方です。

能力の高い人に追いつきたいのであれば、独学以外の方法で、効率よく能力を身につけていかなくてはなりません。そのために学校を上手に利用して使い倒せばいいわけです。先生に教えてもらう以外にも、学校には過去問とか参考書なんかもたくさんありますから、そういったものを借りればお金もかかりません。

学校は使い倒そう

独学で調べていてもわからないことはあります。

そういう場合は誰かに質問したり聞いたりしないといけません。そのときには、もちろん「教えてください」と頭を下げることになります。

相手の時間を割いて教えてもらうわけですから、社会人だと「お忙しいところ、すみません」なんて気を使うこともけっこう多いです。

でも、学生で学校に通っていれば、なんでも遠慮なく質問できます。

「すみません」どころか、内心「生徒なんだから教えてもらって当然」なんて思いながら、躊躇《ちゅうちょ》することなく聞けるわけです。

しかも**タダで聞き放題なのだからいいことづくめ。**これは積極的に利用することをオススメします。

思考のプロセスを身につける

教科書に載っているような用語を調べたり暗記をするのは、ひとりでもできます。それこそ、ググれば1秒たらずで答えにたどりつけます。

本来、学校で学ぶべきことは、そういうことではありません。

社会で生きていくために必要なのは、なんらかの目的に対し「今自分には何が必要で、そのためには何をすればいいのか?」を自力で思考して行動できる力です。

言い換えれば、問題にぶち当たったときにそれを解決できる能力です。

「これができないんだけど、なんでできないんだろう？」という疑問をもち、その原因を追求する。「わからない勉強のやり方を人に聞く」というのは、優秀な人や知識のある人から「思考のプロセス」を学ぶことでもあるのですね。

残酷な現実を言うと、**思考のプロセスをもっていない人は、社会に出ても「人に使われる仕事」にしか就くことができません。**そういった仕事は給料が安いうえに、理不尽にコキ使われたりします。

英語で言うところの「ブルシット・ジョブ（＝クソどうでもいい仕事）」をやりたくなければ、自分のアタマで思考する能力は必須なのです。

そして、その思考のプロセス、つまりアタマの使い方こそ、学校で学んでおくべきことなのです。

「アタマもいいケーキ屋さん」になろう

「でも、自分はアタマを使うことよりも、身体や手を動かしているほうが好き」という人も多いと思います。

たとえば「ケーキをつくるのが大好き」という人は、手に職をつけてとびきりおいしいケーキをつくり続ければいい。そうやってパティシエとして暮らしている人も大勢います。

でも、「一日中ケーキにイチゴを乗せ続ける」というようなベルトコンベアの一部みたいな単純労働に従事しているならまだしも、**腕のいい職人が、アタマをいっさい使わなくていい、なんていうシチュエーションに置かれることはまずありません。**

美味しいケーキをつくるためにはクリエイティブな試行錯誤が必要ですし、せっかく上等なケーキをつくることができても、買ってもらえなければ生活していけません。

「どんなコンセプトのケーキを、どんな客層に届けていきたいのか」といった創意工夫こそ、実は職人の仕事に必要なことだったりするのです。

さらに言えば、職人の仕事は肉体的な負担も大きいので、**選択肢として肉体労働と頭脳労働のどちらもできるようにしておいたほうがおトクです。**

「頭脳労働ができるけど、ケーキもつくれる」という人と「頭脳労働はできないけど、ケーキはつくれる」という人がいた場合、後者はなんらかの理由でケーキがつくれなくなってしまった瞬間に仕事がなくなります。

こういうシチュエーションを回避するためにも、基礎学力や学ぶプロセスを身につけて、頭脳労働もできるようにしておいたほうがいい。

前述のとおり、ほとんどの学校では、先生はタダで勉強のやり方を教えてくれますし、質問にも何度でも答えてくれます。

せっかくタダで教えてもらえるチャンスがあるのだから、学校では疑問に思ったことは遠慮せずどんどん聞くべきなのです。

学歴フィルターは存在する

学校に行くべきメリットはほかにもあります。

残念ながら日本という国では、いくら独学で学問を修めても、それだけではうまくいかないことが多いです。

たとえば仕事ができる優秀な人であっても、中卒だったりすると企業に採用されなかったりします。逆に、大して能力のない人であっても、大卒であれば「新卒採用」の枠でどんどん採用されていくという現実があるのですね。

実際、**社会でそれなりのステータスで働いている人の多くが、大卒です。**

アップルの創業者であるスティーブ・ジョブズさんや、フェイスブックを立ち上げたマーク・ザッカーバーグさんのように、大学を中退して成功を収めた人たちもいますが、彼らは自ら起業したきわめて優秀な人たちです。

彼らを人生のお手本にするのは、あまりにもリスクが高すぎます。

生涯年収だけでもこんなに変わる

どんな大学であろうと、入学をして卒業すれば大卒という肩書きを手に入れることができます。

この肩書きがどんな能力を保障するのかははっきりしませんが、これによって生きやすくなることは間違いありません。逆に、どんなに優秀な人であっても、高卒や中卒というだけで、採用試験が受けられないなど、さまざまな制約に遭遇することもあります。

そのうえ、大卒でもらえる給料は、中卒や高卒でもらえる給料とかなり違ってくることが多い。

大卒の平均生涯年収は約2億8000万円といわれていますが、高卒の場合は約2

億4000万円。高卒の人は、大卒の人よりも4年は早く働き始めているはずなのに、生涯年収では4000万円もの差がついてしまうのです。

言い換えれば、**大学に行くだけで、将来4000万円も得をする、ということになります**。それだけのお金があればマンションが買えてしまいます。もちろんその分の学費はかかるものの、それを上回るリターンがあるということです。

インフルエンサーの「情弱ビジネス」

「大学なんて意味がない」

そういうことをつぶやくインフルエンサーがいます。彼らはオンラインサロンで「人生を一発で逆転する方法」みたいなことを謳《うた》って受講生を集めています。

ビットコインバブルで巨額の富を築いた、資産50億円のトレーダーによるオンラインサロンが話題になったこともありました。このインフルエンサーのオンラインサロンは、月額3万円という高い会費でありながら、最盛期には6000人近い受講生がいたそうです。

しかし、彼はそのオンラインサロンを利用して受講生たちに仮想通貨を売買させることで、相場を人為的に操作し、彼と彼の周辺だけが巨額の利益を得ていたといわれています。彼らにとっては、「大卒の資格なんて意味がない」のは事実なのでしょうが、その言葉を信じてカモにされた受講生たちはたまったものではありません。

多くの場合、オンラインサロンで儲けるのは、サロンの主催者と、手数料収入が入るサロンサービスを展開している企業です。**「学歴不要、人生を一発逆転させるための投資術」なんていうインフルエンサーのウソを見抜けなければ、単なるカモになるだけです。**

大卒資格は役に立つ

こういった、お金を払っても大して得をしないシステムは、世の中にいくらでもあふれています。

たとえば、カルチャースクールに通ってアロマセラピーについて学び、検定1級を取得したからといって、すぐに仕事に直結するとか、昇給につながるといったことはほぼありません。

その意味では、**カルチャースクールもオンラインサロンも、期待値の低いギャンブルのようなものだと考えれば納得がいくはず。**なので、必ず得をしようとしてお金と時間をつぎ込むのではなく、ちょっとした暇つぶし程度だと思ってやってみる、くらいの距離感がいいと思います。

「高いお金と時間を費やしても、大した知識や技術は身につけられないかもしれない」という意味では、実は大学もオンラインサロンと似たようなものかもしれません。でも、**少なくとも大学であれば、大卒という社会を生きていくうえで明らかに得になる肩書きを手にいれることができます。**

将来的に海外で働きたいと思うのならばなおのこと、大卒という肩書きは重要です。渡航先の国や職業によってさまざまな条件の違いはありますが、海外で頭脳労働をしようと思うと、大卒が前提という場合が少なくないからです。

インフルエンサーの学歴不要論に安易に流されて、将来的なチャンスを逃してしまうのはアホがやることでしかありません。

基礎学力は武器になる

繰り返しになりますが、最低限の学力抜きに独学に取り組むのは無謀ですし、時間や労力が無駄になる可能性がきわめて高いです。

そして、最低限の学力をもたないまま社会に飛び出すと、「学歴なんて不要」「一発逆転で得する方法」などという、世の中に蔓延《まんえん》する無責任な言論やウソに足をすくわれやすくなります。

どんな状況であっても欠かせない武器になるのは、自分の身についた「基礎学力」。その力を身につけるためにも、**まずは学校でしっかりと最低限の学力である検索力や読解力を身につけてください。**

独学への道というのは、そこから始まると思うのです。

第 1 章

ゴールを
はっきりさせる

独学はコスパ最強

独学の最大のメリット。それは、「コスパがいい」ということです。

何を身につけたいのかにもよりますが、**独学なら、お金も時間もかけることなく、今すぐにでも自分が学びたいことを学ぶことができます。**

今の時代、ＰＣやスマホさえあれば、たいがいのことはネットで調べることができます。

「何から調べたらいいかわからない」というレベルの初心者であっても、初歩の初歩からやさしくかみ砕いて解説してくれているサイトはたくさん存在しています。

それらのサイトをいくつか見繕《つくろ》ってチェックすれば大枠はつかむことができるし、そういったサイトを運営しているような知識のある人とネット経由でつながって、直接、疑問点をぶつけてみることも可能です。

お金と時間がたっぷりあるなら、専門学校などのスクールに通うことも選択肢のひとつではありますが、そういった特定の学校にはそれぞれのカリキュラムやメソッドがあって、それに沿って学ばなければいけません。

つまり、自分が知りたいことだけを今すぐに学べるわけではないので、最短ルートで学ぶことはできません。自分が知りたいことに手が届くまでに、どうしても時間がかかってしまうし、その間に学びたい意欲が薄れてしまったりすることもあると思うのです。

心理学の勉強も「本を読むだけ」だった

僕は大学生のときに心理学を専攻していました。

なんで心理学を学ぼうと思ったかといえば、「心理学は人間の考え方を学ぶ学問なので、教科書を読んでいるだけでは習得できないはず」と考えたからなのですね。

つまり、独学で習得できるものではないと思っていたわけです。法律や経済学、文学といったほかの学問というのは、図書館やネット上に論文はあるし教科書も豊富に出ているので、それを片っ端から読めば独学ができる。そういったジャンルの科目なら、大学に高い学費を納めてまで学ぶ必要はないと考えたのです。ところが実際に入学して授業を受けてみたら、心理学の講義も基本的には論文や教科書を読むだけ。つまり、心理学も独学で追求ができる場合がほとんど、という状態だったのです。

大学で学ぶことも独学できるとなると、**僕が大学に学費を払っていたのは、「大卒の資格を買うため」だったと言っても過言ではない状態なわけです。**

目的のために手段を選ぶ

世の中には「大学に通うお金がないから、学ぶ機会がない」と嘆いてあきらめる人もいたりしますが、本気で学ぼうと思えば大学に行かなくても学べる、ということですね。

お金と時間に余裕のある人とない人では、勉強の仕方が異なるというだけなのです。純粋に文学や経済学を勉強したいと思ったら、図書館に行って本を読めばいい。

つまり「手段」は、「目的」に応じて正しく選ぶことが大事なのです。

もちろん、研究者になるためには大学に通い、大学院を出て、修士号・博士号を取る必要があります。でも、**博士号なんかもっていなくても、膨大な量の知識と知性を備えた人はたくさん存在しています。**エジソンが学校に通っていなかったことは有名ですけど、だからといって彼の有能さを疑う人はいないと思います。

受験勉強もコスパが大事

コスパの話をもう少しわかりやすくすると、たとえば大学受験の話があったりします。

志望大学に入学しようと思ったら、「赤本《あかほん》」と呼ばれる分厚い過去問題集をやることを勧められます。

たしかに掲載されている問題をひたすら解いていけば入試の傾向はイヤでもわかってくるし、それに応じて対策を練ることもできます。そうやって100点を取れるように赤本をひたすら繰り返し解くわけです。

でも、それが正しいとは言えないような気もするのですね。

もちろん、試験ではできるだけ高得点を取れるようになったほうがいい。けれど、「80点取れる実力」を「90点取れる実力」にまでレベルアップさせるのはかなり大変です。頭に叩《たた》き込んでおかなければいけない範囲だけでもかなり広がります。

たとえば、日本史なら教科書の注釈部分に書いてあることまで覚えなければいけなかったりもする。

入試問題をつくる側も、難易度を上げないと受験者の点数に差が出ないから、重箱の隅をつつくような問題を用意するわけです。

でも、めちゃくちゃ努力して教科書の隅っこの注釈部分まで丸暗記したとしても、もともと80点だった点数が90点になるだけ。点数はたった10点アップしたことにしかなりません。

これが、もともと40点くらいしか取れていない科目だったら、ちょっと頑張れば60点を取れるようになります。

「血眼で教科書の注釈まで覚えて10点アップ」と「少し頑張るだけで20点アップ」だったら、労力の少ない後者のほうが断然コスパがいい。

得意科目はある程度のところまで勉強したら、あとはそんなにマニアックな知識まで追求する必要はない、ということなのです。

ゴールのための方法を考える

ゴールが定まっているのなら、そこにたどりつくためにはどんな方法があるのかをまず考える。

入りたい大学の試験に合格したいなら、その方法は何通りもあると思いますが、僕だったら、いちばんコスパのいいやり方を選ぶと思うのです。

最短ルートは人に教えてもらう

独学は、とにかくコスパがいい。

インターネットがこれだけ普及した現代、お金も時間もかけずに学ぶチャンスは、まわりにいくらでも転がっています。それを活用しない手はありません。

けれども、場合によっては、独学だとコスパが悪くなってしまうことも存在していたりします。

たとえば、受験科目の多い国公立大学に独学で入ろうという場合。もちろん、不可能ではないですし、やり方や努力次第では東大にだって入れると思います。

でも、効率は悪いです。

というのも、**ある程度のレベルまで行くと、知っている人や教え方がうまい人に教**

えてもらったほうが、「やるべきこと」と「やらなくていいこと」がわかるからです。

受験勉強においては、限られた時間のなかで「いかに効率よくテストの点数をたくさん取れるようになるか」が重要。

どういう勉強をして、どうやって点数を稼げるようになるか。

その作戦は自分で考えることもできるとは思いますが、志望大学に余裕で受かった人や、毎年たくさんの受験生を指導している塾講師のほうがベストな方法を知っているのは確実です。

最短ルートは人に教えてもらい、それを真似すること。

そういう意味では、**お金があるなら、独学で受験に臨むよりも、塾なり予備校なりで学んだほうが時間効率は圧倒的にいいということになります。**

もしお金がなければ、塾や予備校によっては特待生制度を設けているところもありますし、模試の成績などによっては授業料が免除になったりすることもあります。

やみくもに独学で受験勉強をして、どこの大学にも受からなかった場合、一見お金は損していないように思えるものの、目標を達成できていないので勉強に費やした時間を無駄にしてしまうことになります。

これは、とんでもなく効率が悪いとしか言えません。

「立ち読み」で過去問を解いていたひろゆき

ちなみに、僕は受験のときに問題集をたくさん買うのがもったいないと思っていました。

なので、半日くらい本屋で参考書を立ち読みして、アタマの中で次から次へと問題を解いていました。本屋のなかには書籍を試し読みしたい客のために椅子を用意してくれているところもあったので、ありがたく座りながら勉強をすることもできました。

本屋の店員さんも、まさか立ち読みしながら過去問を解いている客がいるとは、思いもよらなかったと思います。

そんな僕が本屋で選んでいたのは、解説がしっかりしている問題集でした。

解いた問題の答えが合っているか間違っているかなんて、ほとんど運の問題だと思って開き直っていました。知らないこと、覚えていないことがあって問題を解けないのは、何も恥ずかしいことではありません。

だからといって、何度も同じ間違いを繰り返すのは恥ずかしいことです。

大事なのは、間違えたとき「どうして正解に行きつかなかったのか？」と自分なりに考えること。

解説がしっかりしている問題集を読めば、「そうか、こういうふうに考えるべきだったんだな」と納得することができます。そうやって解説を読んで納得したことというのは、次から間違えることはないですから。

ゴールをはっきりさせる

よく、「独学でプログラミングを習得したかったけど、挫折した」という人がいます。

聞けば、ひとりで学ぶのは無理なので、スクールに通うべきかどうか悩んでいたりするのですね。

先ほど「目的」と「手段」の話をしましたが、こういった、「プログラミングを習得したい」というような相談を受けたときに、「で、プログラミングで何をしたいの？」と目的を尋ねてみると、たとえば「JavaScript（プログラミング言語のひとつ）を全部マスターしたい」と答えるような完璧主義者が意外に多いことに驚かされます。

「で、何がしたいの？」

でも、それはめちゃくちゃハードルが高いことで、独学ではまず難しいです。

たとえば、何かのサービスをつくりたいという目的があって、そのために必要なことを学んでいるうちにいろいろと覚えていく。その結果、JavaScriptをマスターできたというのであればわかるのですが、**最初から「マスターすること」を目的にしてい**

る時点で、挫折することがうすうす目に見えてしまいます。

なので、JavaScriptだったら、「まずはJavaScriptで何をしたいのか？」を考えることが大事です。

このような感じで、とくにやりたいことがあるわけでもなく、「ただ全部マスターしたい」なんてフワッとしたことを言っていると、とてつもなくハードルは高くなってしまうのです。

だからこそ、**独学を志すなら、はじめにゴールをはっきりさせることが最重要になってくるのです。**

ひろゆき流「プログラミング独学」

僕は有名なところだと「2ちゃんねる」という掲示板をつくったことがあるのですが、そのためのプログラミングは独学で学びました。

プログラミングに手を出したのは小学生くらいのころだったのですが、本格的にやりだしたのは大学生になってから。大学1年生の冬に、ダイナブックの中古PCを10万円くらいで買ったのがきっかけです。

当時はウェブサイトの数が少なく、面白いと思えるサイトはさらに少ない状態でした。なので、「それなら自分でネット掲示板をつくってみよう」と思ったのです。

最初は自分で適当にやっていただけでしたが、コードを書き、コンピュータに命令して、それが思ったとおりに画面に表示されるのはやっぱり楽しいものです。

一応説明しておくと、プログラミングというのはプログラムを書くことなのですが、じゃあ、プログラムとは何か?

すごく簡単に言うと、コンピュータに処理させたいことを、コンピュータがわかる言葉を使い、一つひとつ順番に書いたものです。スマホアプリやウェブサイトなど、さまざまなものが、このプログラムによって成り立っています。

僕の最初のプログラミングは、HTMLからでした。

HTMLはインターネットブラウザ上にウェブサイトを表示するための初歩の初歩ともいえるプログラムで、ブラウザ上に表示される文字を太字や斜字にしたり、色を変えたり、文章のセンタリングや画像を表示させたりと、コンピュータの言葉で命令を出して、そのとおりに表示させることができるものです。

ＨＴＭＬであれば、ネット上にいくらでも参考にできる資料が転がっています。実際に僕も『とほほのＷＷＷ入門』という無料のウェブサイトをひと通り見て、あとはいろいろなサイトの動きを真似しながらプログラミングを勉強していました。

それでもわからないことがあったら、ネットの掲示板に質問を書き込んで、プロのエンジニアからアドバイスをもらうこともありました。

でも、今ならもっと簡単にネット上で教えてもらうこともできると思います。

独学に「お題」はない

「掲示板をつくる」というと、何か壮大なことのように思う人もいるかもしれないですが、僕はその程度のことを繰り返しただけです。

だけど、それが最終的に「2ちゃんねる」になりました。

サイトが大きくなるにつれて多少の機能を増やしてはいきましたが、基本的な設計は最初と変わりません。

と、プログラミングの話を出しましたが、**この一連の流れはプログラムだけでなくすべての学びの基本だと思うのですね。**

学校に通っていれば、ボーッと椅子に座っていても、先生が「お題」を与えてくれます。すると、そのお題をこなすことが目的になるので、何のために自分が授業を受け、その授業がこれから何の役に立つのかということなんて考えなくてもよくなってしまうのです。むしろ、そんなことは考えたことすらない、という生徒も多いと思います。

なので、**独学を始めたいという人は人一倍、ゴールを明確にしておく必要があるのです。**

何をしたいのか、その目的を明確にすることから始めて、そこから逆算して、順番に「これってどうやるんだろう？」という疑問をひとつずつ潰していけば、思ったよりも早く目的を達成することができたりするものなのです。

フワッとしたことをやりたがるバカ

先ほど、JavaScriptをマスターしたがっている人の例を挙げましたが、**目的がはっきりしていない人ほど「とりあえず全部を知ろう」と考える傾向があります。**

「フワッとしたことをやりたがるバカ」になると危険です。

たとえば、僕が急きょ、アフリカ・ケニアにあるレストランで食事をしなければならなくなったとします。

レストランで食事することが目的なので、ケニアの公用語であるスワヒリ語のあいさつである「こんにちは」と、次の言葉さえ覚えておけば何とかなったりします。

「メニューの（料理）を注文したいです」
「おいしかったです」
「お勘定をお願いします」
「トイレはどこですか」

極論すれば、この5つだけで目的を達成することができます。

プログラミングの独学だって、それと同じです。**自分がやろうとしている目的に対してピンポイントで必要なことは、実は5つくらいしかなかったりする場合が多いのです。**

英語を独学するコツ

英語ができるようになりたいと思う人も、自分の目的を明確にしてから、それに合った方法を選ぶことが大事です。

英語ができる人になりたいというフワッとしたことではなく、何のために英語を勉強したいのかをはっきりさせる。

英語を喋《しゃべ》れるようになりたいのか？

それともＴＯＥＩＣでいい点数を取れるようになりたいのか？

英語を喋れるようになりたいのであれば、英語圏の国に住んだり、英語しか話せない異性と付き合ったりしたほうが手っ取り早いですし、ＴＯＥＩＣでいい点数を取りたいのであれば、日本語できちんと英文法を学んだほうが手っ取り早いはず。

自分の目的に合った手段を選ぶことが大事になってくると思うのです。

留学しても文法は学べない

ＴＯＥＩＣで高得点を取りたいのであれば、英会話ができるだけでは厳しいです。ＴＯＥＩＣはテストなので、長文読解や文法の間違いを指摘するような問題が出題されます。もちろんリスニングもありますが、文法と長文読解ができるようにならないと、いい点数を取るのは難しい。

日本語で会話ができるからといって、現代文のテストでみんなが高得点を取れていないのと同じようなものです。

英語圏に留学すれば、いつのまにか英語ができるようになるんじゃないか？　と思い込んでいる人もいます。

たしかに生活するための英会話はできるようになりますが、会話というのは文法がめちゃくちゃでカタコトであっても、けっこう成立してしまうものです。

日本人で日本語を話す人でも、話し言葉で「てにをは」や文法がめちゃくちゃな人はいます。それでも、なんだかんだで会話というのは通じているはずです。

つまり、**留学したとしても突然文法がわかるようになるわけではないのです。**アメリカにいようが、日本にいようが、そのための勉強をしない限り、文法が理解できるようにはならないというのは同じなのです。

英語で文法を学ぶというミステイク

僕はアメリカに留学した際に英語の文法を勉強したのですが、これは失敗でした。文法用語を英語で理解するという「壁」がひとつ増えてしまったからです。

たとえば、「過去完了」のことは英語で「past perfect」というのですが、なんでパーフェクトなんやねん、というところで止まってしまうのです。日本語で「現在完了」「過去完了」「前置詞」と聞けば一発で理解できるのに、余計なところでつまずいて、ワケがわからなくなりポカンとしてしまったり、先に進めなくなってしまう。

つまり、**文法を学ぶのであれば、日本語で学んだほうが断然理解しやすいのです。**

英語の文法について英語で書いてある解説をきちんと理解できるのであれば、もはや文法を勉強する必要がないレベルなわけです。でも、そうではなく文法を勉強する必要があるのなら、日本で勉強したほうが間違いなく効率はいいです。

現地へ行けば喋れるようになる

逆に、TOEICなど関係なく「英語が喋れるようになりたい」というのならば、英語圏の国に住んでしまうのがいちばん手っ取り早いです。

駅前留学といって、国内の英会話教室が流行《はや》った時代もありましたが、僕はそういうところに通いながら英語がペラペラと喋れるようになった人を実際に見たことがありません。なので、それであれば英語圏の国に住んだほうが早いと思って、アメリカに1年住みました。

そこで文法も英語で勉強しようとして、ちょっと失敗だったのは先ほど書いたとおりなのですが、そうではなくて**会話ができるようになりたいのであれば、やっぱり外国に住むのが効率的です**。

僕は今、英語とフランス語を話せますが、どちらもアメリカとフランスに住んで、現地の言葉を使わないと生活できない環境にいることで話せるようになっていきました。その環境に浸ってしまうのが一番です。

少し脱線しますが、フィリピンであれば、20万円ほどで1カ月英語学校に通いながら暮らすことができます。フィリピンの公用語はタガログ語ですが、アジアのなかでも飛び抜けて英語が使われている文化圏で、実際に英語圏で使用されているセキュリティソフトのコールセンターなどはフィリピンの企業が対応していることもあるくらいです。**英会話を身につけるという意味においては、手近な留学先としてフィリピン**

はオススメです。

「今はコロナ禍だし、留学なんて無理」という人は、オンラインで外国語ネイティブ人と会話をするサービスを利用するという手もあります。このときに大切なのは、日本語が使えない環境に自分を置くこと。ほかに日本人がいない状況で、日本語ができない人とだけ会話できるタイプのものがいいと思います。

必要に迫られればできるようになる

ちなみに、コロナ禍以前、僕は1年の約3分の1を海外旅行をしながら過ごしていました。僕の奥さんも一緒に行きますが、最初のころ、彼女は英語が話せませんでした。

友達と海外旅行に行くときは、たいてい僕が英語で話す役割を引き受けますが、奥さんとの旅行では、僕は彼女を助けません。

欲しいものがあれば自分で買えばいいし、レストランで自分が食べたいものは自分で頼めばいい。そうやって放置をしました。

自分で店員さんに「どれがオススメ？」と聞いたり、お店で「もう少し小さいサイズはありませんか？」と自由に聞けるようになったほうが楽しいですよね。

誰かに至れり尽くせりの通訳をしてもらっている限り、その楽しさを味わうことは絶対にできない。これはすごくもったいないと思います。

実際、彼女はそう思ったようで、フィリピンに1カ月留学して、英語を話せるようになりました。今では、僕が手助けする必要はほとんどありません。

「英語が話せると楽しいだろうな」という環境で、誰にも通訳してもらえなければ、人はどうにか話せるようになっていくものなのです。

2カ国語字幕はオススメ

海外旅行どころか、外国語でのオンラインサービスもハードルが高い、と思っている人にオススメなのが、2カ国語の字幕を出しながら映画を視聴するというもの。

ただし、英語字幕だけで視聴するという意識の高いことをやっていると、ストーリーを追えなくて映画そのものが楽しめなくなって挫折してしまいます。**なので、英語と日本語の両方の字幕を出して映画自体を楽しむことを優先してください。**

試しにネットフリックスなどでやってみるといいと思います。

ＰＣになってしまいますが、「クローム」というブラウザのアドオンという機能を利用すれば、ネットフリックスの字幕を日英同時に出せたりします。これを使うと、耳からはネイティブの英語発音が入ってきて、目からは無意識のうちに英語の単語表記が入ってくる。それと同時に日本語字幕も表示されるので、何度も繰り返し出てくる表現などはなんとなく覚えてしまうはずです。

「わたゆぅどぅーいん？」というサウンドと「What are you doing?」が一致しないのが、日本人の先生による英語教育の限界だったりするのですが、２カ国語字幕をダラダラと見続けていると、自然とこの２つが重なってきたりします。

また、英会話を学ぼうとするうえでは、完璧主義を目指さないことも大事です。

ネイティブ並みの完璧な外国語を話す必要なんて、そもそもありません。

たとえば、もう数十年日本に住み日本語を流暢《りゅうちょう》に話せるデーブ・スペクターさんも、その日本語を聞いて「ネイティブレベルの日本語だ」と感じる人はほとんどいないと思います。それでもテレビのコメンテーターはできています。

そう考えると、ネイティブスピーカーになる必要なんて全然ないということがわかりますし、そんなことはほぼ不可能なのです。

英語で会話ができるようになりたいという当初のゴール、つまり何がしたいのかという目的を見失わないことが大切なのです。

デキる人の行動

日本の学校で行われている勉強は、「正解があるもの」に対して、言われたとおりの解き方で「正解を出す」というものが中心です。そして、言われたこと、聞かれたことを教えられたとおりにできる人が、学校では優秀といわれます。

でも、それだけだと、実社会に出たときに意外と通用しません。というか、ある程度のレベルまでは処理できても、その先に上がることは難しい。

なぜなら、**実社会はそもそも正解のないことだらけだからです。**

たとえば「あの女の子を口説きたい」というとき、その方法に正解はありません。

「ヒット商品を売り出したい」とか「今、相手を喜ばせるような面白いことを言おう」なんていうときにも、決まりきった正解なんてありません。

学校の勉強と違って、むしろ正解があることのほうが少ないのが、社会であり世の中だと思うのです。

デキる人は方法論をもっている

僕が「わりと優秀だな」と思う人。

それは「やったことのないこと」「答えのわからないこと」に対して、それを実現させるための方法論をもっているタイプの人です。

もちろん何が正解かなんてわかりません。

そのなかで、単に「こんなことやれたらなあ」ってフワッと思っているのではなく、それを実現していくための「階段」をつくっていける人。

これまで手がけたことのないプロジェクトに挑戦するにしても、「これをやるにはまず、ここから始めないといけないだろうな」「そのためにはこういう人が必要だな」「こういうパーツが必要だな」ということから考えて、少しずつ広げていく。

一つひとつの段階での目標が明確だから、足りないものがあったときにも、すぐに気づいて動けるんですね。「エンジニアが必要だ」「じゃあ、エンジニアを探すにはどうすればいいかな」という感じです。

自分のアタマをちゃんと使って考えているから、ゴールが明確になるのです。

ゴールが明確だと早く動ける

こういうデキる人は、ゴールが明確になっているから行動も素早い。

ひとりで考えてもわからなければ、知り合いのコネでもなんでも利用して、知っていそうな人に相談する。だから、知り合いが多い、相談できる人脈が多いというのも、その人のデキる力のひとつですよね。

あるいは、コミュニケーション能力が高ければ、似たようなプロジェクトをやっている全然知らない人にいきなり連絡して、「教えてください」と頼み込んだりもできる。このちょっとした厚かましさも、デキる人に必要な要素だと思います。

自分で答えが出せないものは、いくら長い時間悩んでいても1ミリも状況は動きません。それであれば1秒でも早く、経験のありそうな人に教えを請うたほうがいい。

もちろん、相手に教えてもらうのですから、「全部を教えてください！」というのではなく、前述のとおり、段階を追って何が必要かを考えて、わからないことをピンポイントでお伺いしないといけません。最初からすべてを教えてくださいと乗っかるのであれば、うざい人だと思われて距離を置かれてしまいます。

こういうことができる人ならいいのですが、**学校でちょっと優秀だった人やプライドが高い人というのは、そもそも自分が知らないことや、わからないということを素直に言えなかったりもします。**正解がある問題しか解けないような人は弱いのです。

わからないことは「わからない」と素直に言える人のほうが、おそらくいろいろ人に教えてもらえるので、結果としてデキる人になるんだろうと思います。

もともともっている知識を引っ張り出すのではなく、正解のない問いに対する答えに近づくための方法論をもっているということ。これが、本当の意味での「アタマを使う」ということだと思いますし、これこそ独学には欠かせないプロセスなのです。

ゴールのためにはセコい手もアリ

自分のゴールが明確に見えている人は、きちんとアタマを使って方法論を組み立てられる。**成果をあげるために自分が何をすべきかを考え、きちんと手段を選べる人はデキる人といえます。**

そういう意味でスゴイなと思った人に「百獣の王」として有名な武井壮さんという方がいます。彼は自分の目標を成し遂げるために、むちゃくちゃ戦略的に手段を選んでいます。

まず武井さんは、自分の得意分野である「スポーツ」を使ってお金儲けをする方法を模索しました。そこで選んだのがゴルフと野球。どちらもテレビ番組がいっぱいあって視聴率も高い。つまり需要があります。

でも、残念ながら自分は野球にはまったくくわしくない。くわしくなるためにはどうすればいいのか？　と考えて、プロ野球チームに入ることを思いつきます。

武井さんは十種競技の元日本チャンピオンだった人なので、走るのはめちゃめちゃ速いです。そこで、台湾の野球チームにフィジカルコーチとして雇われました。そして「選手たちが、どんな練習で身体を消耗してしまうのかを理解したい」とチームを説得し、コーチをやりながらプロ野球選手と同じメニューで練習させてもらうことに成功します。

働きながらプロの練習を受けることで、プロ並みの野球スキルを習得するという目標を達成したのですね（その後、野球がすごくうまくなり、投げる球も140キロくらい出るようになったそうです）。

そのほかにも、欽ちゃんの野球チームになんとかして入りたいと考え、締め切りを過ぎているにもかかわらず、ウェブ上の応募フォームに入力した画面だけ見せて「ちゃんと応募したのに返事がこない」なんてウソをついて、入団試験に挑戦させてもらったりしてもいます（その後、無事入団できたそうです）。

一つひとつのやり方はちょっとセコいと思うかもしれないですが、**セコい手だって、目的を果たすことができれば問題ありません。**こういうブレない行動力や思考力は、独学をするうえで非常に大切です。

その意味では、武井さんのエピソードを知ることは、巷《ちまた》の下手な自己啓発本を読むことよりもよほど役に立つと思います。

第 2 章

モチベーションを上げる

「やる気」は存在しない

独学というのは文字どおり「独りで学ぶ」こと。

誰のためでもなく、自分が自分のためにやるものです。誰かに強制されてやるものでもなければ、ゴールをどこに設定するかも自分次第。

だからこそ、目標設定と同じくらい大切なのが、そこに向かおうとする自分のモチベーション管理です。

こういうことを言うと、「自分はやる気がなかなか起きないからなあ」といった反応がよく出てきます。「よし、やる気を出すぞ！」とか、「やる気が出てきたかも！」なんて言って、自分を奮い立たせようとする人もいます。

そこで、よくよく考えてみてほしいのが、そもそも「やる気」なんてものは、本当に存在しているのか？　ということ。

「コレ、もはや鈍器か？」というような分厚い本（鈍器本、とも呼ばれているらしいです）が、このところブームになっています。

コロナ禍で自宅にいる時間が長くなり、その時間を利用してもっと教養を身につけようとか、知識をさらに増やそうといった気持ちになる人が増えているようですし、本書を手にとってくれた人のなかにも、自分のやる気に火をつけようと一生懸命になっている人がいるかもしれません。

なんだか将来が不安。今の自分を変えたい。

「なんとかしなきゃ」と焦る気持ちはわかります。

でも、**いくら焦っているからといって、ありもしない「やる気」に火をつけようとしても、空回りしてしまうだけだと思うのです。**

人間は「今やっている行動」を続けたい

世の中には「やる気」というものが存在すると思い込んでいる人が多いですが、本来人間がもっているのは、「今やっている行動をそのまま続けていたい」という意識です。

たとえば、今はソファーでゴロゴロしながら漫画を読んでいる。漫画をやめて部屋の掃除をするのはイヤだ、という場合。

それは、やる気が起きないからでしょうか？

そうではありません。今やっている「漫画を読む」という行動を、そのまま続けていたいと思っているだけ。やる気の「ある／なし」は関係ありません。

つまり、世の中の人はやる気がないとかあるとかいう余計なことを考えがちですが、そんなものはそもそも存在しないのですね。

やり続ける人は、今やっていることをやり続けるし、やらない人は、そもそも単に

やらないという状態を続けているだけのことなのです。

仕事にモチベーションがないのは当然

「やる気」なんていうものがあると思い込んでいると、いろいろと弊害があります。
たとえば「仕事や勉強にやる気が出ない」と憂鬱《ゆううつ》になって「自分はダメなヤツなんじゃないか」と思ったり、無理やりやる気をひねり出そうとして失敗し、「自分はなんてモチベーションが低いんだろう」とかえって気分的に追い詰められることもあるのではないかと思います。

僕に言わせれば、「仕事にモチベーションがもてない」なんていうのは、至極当然のことです。

仕事は「仕える事」と書くように、誰かに仕えて、その人がやりたくないことを代わりにやることでお金がもらえる、というシステムだったりするからです。

誰もがやりたがることで、自分もやりたいことをやってお金をもらえる人なんて、ごく一部のタレントさんみたいな人しか存在していないと思いますし、楽しそうに見えるタレントさんですら、実際には不本意なこともやりながら次の仕事を取りにいくとか、そういうことの繰り返しをしているのが現実だったりするわけです。

だから、仕事そのものにモチベーションがもてないなんて、当たり前のことなんですね。

「好き」を仕事にしなくていい

そもそも、「やりたいこと」や「天職」が見えている人なんて、世の中あまりいないものです。

すごくやりたいと思っていた仕事だって、実際に現場に入って働いてみたら、「なんか思っていたのと違う」なんていうことはいくらでもあるわけですし、そんな経験をしたことがある人も少なくないと思います。

なので、**僕が仕事の選び方としてオススメするのは、仕事との距離のとり方とし**

て、「やりたい」というより「やっていても苦じゃないな」くらいの距離感でできる仕事がちょうどいいと思うのです。

プログラマーの場合も、「やりたい！」「大好き！」という人は、イチから自分でアルゴリズムを考え始めるなど、際限なく時間や労力をかけてしまう傾向にあります。

でも、「いかに自分の手をかけないでコンピュータにやらせるか」というところにプログラムの本来の役割があるわけで、その意味では、すでにあるデータから要領よくコピペして活用してしまうぐらいの人のほうが、仕事の効率はよかったりするのです。

「仕事が生きがい」なんていう人は、効率よく力を抜くこともできなくて、どこまでもやりがい搾取されかねない。

「仕事は仕事」と割り切って、あくまで稼ぐための手段と思っているくらいのほうが、実はいい働き方ができるのではないかと僕は思うのです。

やりたくない気持ちを認める

ちょっと脱線しましたが、要は仕事や勉強と向き合うときに、ありもしない「やる気」を求めると、やろうとしていることができない自分に対して、「なぜかやる気が削《そ》がれている」と、別の理由を探すことになってしまうわけです。

これが間違いのもとです。

自分がどうしてできないのかを理解するには、「やる気がないから」ということではなく、**「それをやりたいとは思わない自分がいる」という事実を、ちゃんと正面から受け入れるしかありません。**

それを素直に受け入れてしまったほうが、そこから先の自分の行動をコントロールしやすくなります。

そして、「ああ、自分はやりたくないんだな」と認めることで、「じゃあ、自分のモチベーションをどうやって上げていこうか」というところにようやく注力できるようになっていくのです。

モチベーションの上げ方

もともと、「やる気」なんてものはありません。

先ほども書いたように、人間には「今やっていることを継続したい」という意識が働いているだけなので、それをやめて別の行動をとるには、なんらかのモチベーション、動機づけが必要になってきます。

つまり、その動機づけができれば行動するモチベーションも上がります。

ちょっと極端ではありますが、たとえば「これをやらないと殺される」とか「今動かないと餓死する」というような、恐怖心なんかも大きな動機づけになりますよね。背に腹はかえられない、というやつです。

あるいは、「これをやれば1億円もらえる！」なんていう報奨を目の前にぶら下げられたら、行動をすぐにでも変えるという人はいると思います。

それはやる気の問題ではなく、恐怖とか報奨への期待といったデメリットやメリットによって、行動を選択しているというだけのことなのです。

「掃除をしないで漫画を読み続けていたら、殺される」という状況があれば、普通はすぐさま漫画を投げ出して掃除を始めますよね。あるいは「漫画を読まずに掃除をしたら1億円あげる」と言われたら、誰でも掃除に飛びつくわけです。

その原理は、言うことを聞かない子どもに何かをやらせるときとあまり変わらない感じで、とてもシンプルなものなのです。

すぐやれちゃう人の心理

やりたくないようなことであっても、すぐ行動できてしまう人というのは、このメリットやデメリットのイメージを自分のなかでつくりあげるのが上手なのだと思います。

たとえば、成功してものすごく幸せに過ごしている自分をイメージする。「あんなふうになれるんだ」という期待とともに行動を変える。

あるいは逆に、空っぽで何もなく寂しく生きている自分をイメージする。そうすると「ああ、そんなことになったら、家にいるのが超絶つらくなるだろうな」と思って、恐怖心から行動に変化が生まれる。

すぐに行動に移せる人の心理状態というのは、こういったものなのだと思いますし、その場合はコスパもめちゃくちゃいい。アタマの中でイメージするだけでモチベーションを上げることができるわけですから。

期待や恐怖で自分をコントロール

さらに具体例を挙げてみます。

たとえば、受験生が「勉強を頑張って、絶対に早稲田大学に合格したい」と思っていたとします。

大学の公式ホームページばかりを見るのではなく、実際にキャンパスライフを送っている人や、卒業した人たちが幸せそうに過ごしている様子をフェイスブックなんかで見て、「こんなふうになりたいなあ……」と思ってモチベーションを上げるのもひとつの方法です。

女の子にモテたいから、モテるイメージのある早稲田大学を受験したという人だって実際にいますし、大手企業に就職して「将来安泰」と感じたいから就職に有利な早稲田大学を受験したという人だっていると思います。メリットを得ることをモチベーションに変えたいい例ですね。

逆に、デメリットを被《こうむ》りたくないという思いから、大学に落ちて大変そうな人を見るのも動機づけになりますよね。

何年も浪人していて彼女もいなくて部屋にこもっています、みたいな人がたまにユーチューブに動画を上げていたりします。いわゆる「子供部屋おじさん」が、「俺はいつかは早稲田に行くんだ」と叫びながらひたすら時間を浪費しているのを見ると、「絶対にこうはなりたくない」という危機感が生まれる。そして、その怯《おび》えをハングリー精神に変えていくことができます。

幸せなゴールをイメージしてメリットを得ようとするのか、危機感から生まれるハングリー精神でデメリットをなくそうとするのかは、人によって「合う／合わない」があると思います。

自分をコントロールするのにどちらがより使いやすいかは、やってみないとわかりません。なので、実践してみて気に入ったほうを使うようにしてみたらいいのではないかと思います。

不安をエネルギーにすると伸びやすい

今の日本では、おそらく大多数の人が漠然とした不安をもっていると思います。

しかも昨今はコロナ禍でもありますから、「この先の経済どうなってしまうのだろう？」「この仕事は大丈夫なんだろうか？」と、不安になる要素だらけなわけです。

逆に今、何も不安がないという人は「上がっている人」、人生ゲームでいうとすでにゴールに到達してしまった人だけだと思います。

ちょっと上から目線な感じになってしまいますが、僕自身は今後、よほどの悪さでもしない限り、一生食いっぱぐれることはないと思います。だから、経済的な理由で不安を感じるということもほぼありません。

だけど、まだ今、人生ゲームの途中にいるならば、不安を感じて当然だと思いますし、まともな人です。「この不安は当然なんだ」とまずは自分で認めてください。

まだ人生ゲームの途中だというのに何一つ不安を感じていない人がいたら、ヤバい人だと思っていいくらいです。

コロナ禍という未曽有の状況に直面しているにもかかわらず、「なんの不安も感じないです！」「毎日、超楽しいです！」という人は、これといったモチベーションのない人か、どうでもいいとヤケになっている「無敵の人」でしかありません。

そういう人は「成長しない人」でもあるのです。

その一方で、ワラにもすがるではないですが、「自分は不安なんだ」ということをきちんと認められる人は、何かチャンスがあればそれに飛びつこうとするもの。

「今はこういうスキルを手に入れよう」「そのためにプログラミングやデザインの勉強をしておこう」というふうに、不安を、行動するための原動力に変えられる。

つまり、**不安をモチベーションに変えられるのは、ハングリー精神のある人です。**

こういう人は独学に限らず、何をやっても伸びると思います。

後回しにしちゃう癖＝直りません

このようなやり方で、メリットやデメリットのイメージをモチベーションにして行動を変えられるようになったとします。

でも、やりたくないことや面倒なことを、つい後回しにしてしまう人は多いです。

こういう人は「後回しにする癖」が、長い人生の間についてしまっています。

この癖が直ることはありません。

では、どうすればいいか。

答えは、「本当にやらなきゃいけないときにやり始める」ためのテクニックを身につけることです。

テクニックといっても、コツさえつかめば誰にでもできる簡単なことです。

たとえば、夜の8時になったら1分間だけ、やらなくてはいけないことをやる。それ以外の時間は好きなことをやっていい。そういうふうに決めてしまえばいいのです。**そう決めると、どんなに怠け者な人でも、8時になればさすがに動きます。**

ちなみに、「これはさすがにやらないとダメだろう」と自分に罪悪感をもたせるために、8時まではひたすら遊ぶことをオススメします。そうすることで罪悪感がすごく高まり、むしろ8時になったらホッとしてやるべきことに取りかかれたりするものです。これはテクニックとして使えます。

面白いことに、いったん何かをやり始めてしまうと、今度はその作業を1分でやめることのほうが難しくなったりするのです。

たとえば「8時になったら、このメールを返信すると決めていたけど、こっちのメールもついでに返信しておくか」という感じですね。

この章の冒頭でも言ったとおり、人間には「今やっていることを、そのまま続けてしまう」という習性があるので、それがたとえやりたくない勉強であっても「今やっていることを維持しよう」というエネルギーが働きやすいのです。

遊びを途中で切り上げるよりもはるかに簡単にできますから、試しにやってみてください。

気持ちを切り替える

一つひとつモチベーションを上げて日々の行動を変えていったとしても、それでみるみるうちに結果が見えてくる……なんていうことは、残念ながらほぼありません。

とくに、独学で何かを達成しようという場合、一朝一夕でどうにかなるはずがありません。

「デザインのスキルを身につけて、本の表紙をデザインしてみたい」「動画編集を勉強して、映像作品をつくってみたい」というような高い目標があったとしても、その理想が高ければ高いほどなかなか到達することができず、そしてそんな自分を不甲斐なく思ったりしてイライラが募ったり、場合によっては途中で挫折をしてしまうこともあると思います。

そういったストレスをうまくコントロールしていかないと、独学のモチベーションを維持するのは難しいかもしれません。

理想は高くていい

理想が高いこと自体は、まったく悪いことではありません。

ただ、理想が高いとそれを実現するまでのハードルも高くなるので、結果的にストレスを感じてしまう人も多いようです。

そういう人に対して、「ストレスを感じてしまうくらいなら、理想を低くすればばいい」とアドバイスする人もいます。「実力と同程度、あるいは無理せず手が届くくらいの範囲に目標を設定して、自分が満足できるようにすればいい」と。

けれども、僕の考えはちょっと違います。

というのも、世の中にはアホみたいな高い理想をもち、そのために努力をしているなかで、たとえなかなか結果がついてこない状態だとしても、それをストレスと感じない人が存在するからです。

また、オリンピックの金メダルが欲しくて頑張り続けている人たちがいます。理想が高いからこそめちゃくちゃ努力し、その結果としていろいろな実力がついてくる。そして、一部の人は本当に理想を実現してしまうわけです。これは「理想が高い」ことのとてもポジティブな側面です。

しかし、思いどおりに成長できずにストレスを感じてしまう場合、「理想が高い」ということが、ネガティブな作用を及ぼします。

このように、**理想が高いことと、理想が高いためにそこへ手が届かずストレスを感じてしまうことは完全に別モノなので、切り離して考えてみるといいです。**

不安を減らす方法

理想と現実との隔たりにストレスを感じ、心理的ダメージを受けてしまうことは、誰でも大なり小なりあると思います。

たとえば、プログラミングを独学して自力でウェブサイトをつくりたいという目標があったとします。

「これから何かを始める」というのはスタートラインに立ったばかりの状態なので、まだ何も実現できていなくて当然です。

ここで大事なのは、理想に向かってこれから一歩ずつ前進できるかどうかです。

目的が定まっていて、そこに近づくための積み重ねができていれば「これくらいの速度で進んでこれぐらいの時間をかければ、いつかたどりつけるよね」という実感をもつことができるはずです。

要は「何かをしているかどうか」なのですね。

ストレスや不安を感じてしまう人というのは、この「積み重ね」ができていないことが問題なのだと思います。

つまり、ちゃんと行動できていないからストレスを感じるわけで、それなら「何かをやるしかないんじゃない？」というのが僕の率直な感想だったりします。

千里の道も一歩から

そもそも、目標に向かってなんらかの行動を積み重ね、没頭していれば、ストレスなんて感じているヒマはないはずです。

悩んでいるヒマがあったら、行動すること。

そして少しずつでもいいから前進すること。

バカでもわかる話だと思うのですが、一日の小さな一歩でも100日間続けていればそれなりの距離まで到達できますし、コツをつかめば歩幅も広くなってくるのでさらに距離を稼げるようになるものなのです。

ストレスを強制リセット

日々の積み重ねに没頭していても、ふと目線を上げるとゴールはやっぱりまだはるか遠い……。

そういう状態が続くとやっぱりストレスがたまってくる、という人もいるかもしれません。

そういうときは、考えることをやめるのが一番です。

悩みやイヤなことをため込んだり、理想になかなか近づくことのできない自分を不甲斐ないと思うようなネガティブ思考をずっと続けていると、ストレス値はひたすら上がっていきます。

その一方で、モチベーションはただ下がりです。

そういうときは思考をいったん断ち切ってしまうのが一番です。

いちばん手軽で即効性があるのは、1分くらい息を止めること。息を止めているとむちゃくちゃ苦しくなって、悩んでいることなんてできない状態になります。

ストレスでつらくなったら、こういう息止めを何回かやってみると、イヤなことを考える時間がどんどん薄れていって、ストレス値が下がっていきます。そうやってこまめにストレス値の上昇をリセットすればいい。

ほかにも映画を見たり、好きなことに没頭したりするというのもアリです。

とにかくほかのことに意識をもっていくこと。それによりネガティブ思考を断ち切るテクニックを身につけておくと役に立つと思います。

無敵の思考

ストレス値を半端なく押し上げるもののひとつに、「失敗」のリフレインがあります。

いまさらクヨクヨしていてもどうしようもないのに、やってしまった失敗をいつまでも引きずってしまうパターン。

何十回反省したところで、やってしまったことを変えることはできないので、ネガティブな思考から抜け出すことはできませんし、当然モチベーションも維持できません。

でも、そもそも何をもって失敗とみなすかは人によって違うものです。

だから、考え方を変えるだけで、それは失敗じゃなくなる。

たとえば、何かビジネスをやっていて、怖い人と揉めて「指を持っていかれてしまった」なんていうことがあったとしたら、そのあとの人生、けっこう不便ですよね。周囲からは大きな失敗に見えるかもしれません。

でも、それは本当に失敗なのでしょうか？

たとえば、その当事者が乙武洋匡さんだったらどうでしょうか？

ちょっと極端で雑な表現をすると、乙武さんであれば、指どころか手足をぜんぶ取られてしまったとしても、もともと手も足もないのだから全然困らないわけです。

「手も足もいくらでもどうぞ！」と言えちゃうビジネスマンの乙武さんがいたとしたら、指一本くらいで失敗にはならない。これはもう最強です。

もちろん、極端な例ではあります。

ただ、こういうのは「雨が降って憂鬱だ」と思うのか、それとも「雨が降ったからおしゃれな傘が使える」と思うのか。はたまた、頭にボールが当たったとして、「何事もなくてよかった」と思うのか、「ボールが当たったことを不幸」だと思うのか、というのと同じで、見方次第で感想はいくらでも変わるものなのですね。

同じように、何をもって失敗とするかというのも完全に個人の主観の問題なのです。

トランプ前アメリカ大統領は過去に何度も自己破産していますが、それで彼の人生が失敗に終わったわけではありません。第16代大統領のアブラハム・リンカーンも大統領になる前に自己破産を経験していたりします。

でも、それを失敗とみなさなければ、その人にとってそれは失敗ではないのです。

ニートみたいだったひろゆき

僕はアメリカの大学に留学していたときに「2ちゃんねる」をつくり、結果、20代の中盤から億単位の収入を得られるようになったわけですが、そうなるまでは収入がほとんどない時期が数年間ありました。

大学を卒業してからもほとんど働いていなかったですし、実家暮らしでもあったので、まわりの人からは無職かニートにしか見えない状態です。

朝起きない。昼になってもまだ起きない。夕方になっていきなり起きたと思ったら、ずっとゲームみたいなことをやっているという、しょうもない生活を送っていたわけです。

でも、当時の僕にしてみれば、はたから無職に見られようがニートに思われようが、どうでもいいことでした。

掲示板を運営すること自体が面白くてずっと続けていただけで、これが実際にどれくらい儲かるかなんて全然わからなかったですし、考えもしませんでした。

そして、結果として普通に稼げるようになりました。

だから、他人からどう見られるかとか、ヘンなふうに思われるんじゃないかとか、そういうどうでもいいことは気にしないほうがいいと思うのです。

そして、何もやらないよりは、何かをやり続けたほうがいい。

独学に限らず、エロ小説を書くのが好きだとか、映画をひたすら見るのが好きだとか、なんでもいいからやり続けたほうがいいのです。

何かをやっていると、結果として、どこかで何かにつながる場合もあります。それがまったく意図していなかったことであってもです。僕も仕事に役立てようと思ってずっとゲームをやっていたわけではないですが、そのゲームの経験が思いがけないところで活きてきたりもしています。

でも、**何もやってない人は、何年たっても何もやっていない人のままです。**

だから、まわりからどう見られようが、しゃがみこむ時期はしゃがみこんで、やれることをやっていればいいと思うのですよ。

第 3 章

パクる

アタマが悪い人の特徴

「賢者は歴史に学び、愚者は経験に学ぶ」といいます。

この言葉はビスマルクというドイツの政治家が残したものなのですが、アタマのいい人は誰かがやったものを見て「こうやると失敗するんだな」とか「あ、こうするといいのか」というふうに知識として利用するのですが、アタマの悪い人ほど独自のやり方にこだわろうとします。そして失敗をして学ぶのですね。

独学というと、オリジナル性が大事だとか、自分なりの方法論が大切だとか、勝手なイメージをもっている人がとくに多いのですが、それははっきり言ってめちゃめちゃ効率が悪いです。

そもそも、**オリジナルな方法論で独学できるほどアタマがいい人なんて、世の中に**

は少ないと思います。

よしんば優秀だったとしても、アタマがいい人たちの先例を利用しないのはアタマの悪い行動だと思いますし、多くの人は先人が残した効率的なやり方を「パクる」ほうがよっぽど成功する確率は高くなります。効率も断然いいです。

「自分でやってみないとわからない」

ところがアタマの悪い人は、他人の知識だとか方法論だとかを理解できなかったり、理解しようとしなかったりして、「自分でやってみないとわからない」なんて言って、無駄なところで時間と労力を使います。

たとえば、僕が「2ちゃんねる」をつくったときは、エンジニアに仕事を頼むお金なんてなかったので、ネットに転がっている優秀な人のプログラムをパクることから始めました。そうやってパクっているうちに「Perl」というプログラミング言語を覚えたのですね。

プログラムは誰かが書いたものだから、そのやり方をパクってしまえば、誰でも書けるようになります。

エンジニア界隈には、「エンジニアとしては、自分でアルゴリズムを発明できなくちゃいけない」みたいなことを言ってマウンティングをしてくる人が少なからずいますが、賢い人が考えたものをコピペすれば、目的を達成するための技術としては十分なんです。

バカは「うまいやり方」を理解できない

僕は、自分が2時間くらい喋っている動画を自分のユーチューブのチャンネルに上げていますが、そういう長い動画を「切り抜き職人」さんたちが短く再編集して「切り抜き」としてアップしています。

この切り抜き動画がこのところあちこちでバズっているそうで、2021年5月には再生回数が3億回を超えたりしたらしいのですが、**僕と切り抜き職人さんたちは完**

全に赤の他人で、もともと全然知らない人たちです。

なので、「これ、著作権的にどうなの？」とか、いろいろ言われたりもしますし、「他人に勝手に編集させるんじゃなくて、全部自分でコンパクトに編集して、自分のチャンネルに上げるべきだ」とアドバイスをしてくる知り合いもいたりします。

もちろん、著作権者の許可を取らずにその動画を切り抜いてまとめるのは違反行為です。しかも、ユーチューブは動画を上げた人の動画が再生されると広告費がもらえる仕組みになっているので、他人の権利を侵害していることにもなります。

でも、僕が2時間ある自分のユーチューブ動画を上げたままにしておいても、見られることは少ないかもしれない。

というのも、2時間はあまりに長すぎるからです。

そもそもユーチューブという場所には、基本、面白いコンテンツなんてほとんどありません。誰もそこに面白さなんてものは求めておらず、ちょっとした時間つぶしができればいいと思って眺めているわけです。

そんな場所で、視聴する前に「この動画は2時間あります」と言われたら二の足を踏む人も多いです。でも「この動画は2～3分です！」と言われたら、暇つぶしに見る人の数はぐっと増えます。

そういう意味では、切り抜いて短くした「ひろゆき動画」のほうが見られる可能性は高くなる。

でも、僕は編集作業を自分でやるつもりは毛頭ありません。面倒だし、それに費やす時間をほかのことに使ったほうが楽しく生きていけると思うからです。

そこで、僕は「切り抜き」を容認し、収益の半分をもらうという仕組みにしているのですね。すると、僕自身は何もしなくても、切り抜き職人さんたちの動画がどんどん世の中に出回る。その結果として再生数も伸びて、僕のところにもチャリンチャリンと収入が入ってくる。

実際に僕のところにお金が入ってくるのを見て、ようやくバカな人でも、「あ、なるほど！　そういう仕組みだったのか」と気づきます。

アタマの悪い人は、うまくやっている人のやり方を理解するのに時間がかかります。だから、アタマのいい人からパクることも下手なのです。

バカはオリジナル性にこだわる

冒頭でも書いたのですが、アタマの悪い人というのは、独自のやり方にこだわる傾向があって、結果として質の悪いものをつくりがちです。

たとえば、プレゼン資料をつくろうというとき。

自分のオリジナル性にこだわるあまり、相手に伝えるべき情報と自分の思いや感想みたいなものが、整理しきれずにごちゃ混ぜ状態になりやすかったりします。

自分の感情やプレゼン内容に込めた思いとかは、資料の場合、どうでもいいです。伝えるべきことを箇条書きにしてまとめたほうが、相手にきちんと伝わりますし、相手からも賢いと思われます。

大事なのは要領のよさ。

プレゼンが上手な人、営業成績がすごくいい人の資料の構成を丸パクリしてしまえばいいのです。

でも、アタマの悪い人はどういうわけか、オリジナル性を入れたがるのですね。

すでにあるものを利用して、それを真似しながら自分の作品を価値があるものにつくり上げるという意味をもつ四文字熟語に「換骨奪胎《かんこつだったい》」というものがあります。悪い意味で使われることも多い言葉ではあるのですが、真似をすることはけっして悪いことではないと僕は思うのですね。

うまくやっている人からいいものをパクることのできる、要領のいい人になりましょう。

すごくわかりやすいプレゼン資料があったとして、それがほかの人の資料をパクっているものなのかどうかなんて、誰も気づかないし気にも留めません。

賢い人の真似をするだけで、賢いと思われるのですから、おトクなことしかないのです。

後出しジャンケンは有利

だいたい、こっちが最初だとか、あっちは二番煎じだとか、重要でしょうか? たとえば、ユーチューブでも似たようなコンテンツを上げている人が大勢います。でも、どちらが先に始めたかなんて見ている人にとってはどうでもいいことだし、むしろ、ほかに似たような動画があることを知っているという人のほうが少ないです。ユーチューブの全体像を見ながら、「ここのコンテンツは被っているよね」なんてことを把握している人はほとんどいないわけです。

自分が二番煎じだろうと三番煎じだろうと、受け取り手にとって初めて見たものならば、それが一番目になります。しかも、二番煎じ、三番煎じと後発のほうが、オリジナルのものに改良を加えられるというメリットもあったりします。

何年か前にリメイクされた映画『マッドマックス』を見て、「これ、『北斗の拳』の真似じゃね?」なんて言っている若い人もいましたが、本当の順番としては、リメイクされる前につくられた『マッドマックス』のあとに、漫画『北斗の拳』の連載が始まっているんですね。

でも、もともとの『マッドマックス』を知らない人にしてみれば、『北斗の拳』のほうが古くて、『マッドマックス』はその二番煎じじゃないか、ということになる。

どちらがオリジナルかなんていうことは誰も気にしないので、堂々と二番煎じしてください。そして、そこに自分らしさを入れることができれば、モノによってはオリジナルを上回れる可能性もあるのです。

バカはプライドが高い

繰り返しになりますが、アタマの悪い人は他人からパクることを嫌がります。そして、自分のオリジナリティにムダにこだわります。

なぜなら、不思議なことに、アタマの悪い人ほどプライドが高い傾向があるからです。

アタマの悪い人ほど優秀な人の真似をしないといけないのに、妙なプライドがそれを邪魔してしまう。

独学の場合、行き詰まったときはすぐ、その道にくわしい人を見つけて質問をすることが大切なのに、アタマの悪い人はプライドが高くて気軽に質問できません。自分が知らないということを知られたくない、と思ってしまうのですね。

「聞くは一時の恥、聞かぬは一生の恥」といいます。

わからないことを聞くのは恥ずかしいことでもなんでもないです。

逆に、**聞かないで知ったかぶりをして、実は知らないままで一生を終えるほうがよほど恥ずかしいことです。**

それなのに、アタマが悪くてプライドが高い人は「変な質問をして相手からバカだと思われないか」とひとりで勝手に自意識過剰になって身動きがとれなくなってしまいます。

独学に限ったことではありませんが、プライドなんてものは何の役にも立ちません。賢い人から教えてもらい、賢い人の真似をすることができないという人に独学は無理です。

バカは自分がバカだと気づいていない

「俺のまわりはバカばっかりだな」と思っている人がいたとしたら、おそらくそれは、あなた自身がバカである可能性が高いので気をつけましょう。

あなたが未成年であれば、自分で環境を変えることは難しいので話は別です。生まれてくる場所を選ぶことはできないので、運のよしあしに左右されてしまいます。

ですが、ある程度の年齢の大人になっているのに、**自分のまわりにバカしかいないのであれば、自分もバカであると認識したほうがいい。**

「類は友を呼ぶ」ということわざがありますが、ある程度アタマのいい人で、それなりに社会でうまくやれていると、周囲も優秀な人ばかりになります。

つまり、「まわりにバカしかいない」と思うのならば、それは自分自身もバカである確率が高いです。

でも、そう言われても、バカな人は自分がバカだと認めたがりません。人から「バカだ」と指摘されてダメージを食らう人は多いと思いますが、それは自分がバカであるという自覚がないからです。バカは、自分がバカであることがわからないからバカなのです。

身も蓋もないことを言っていますが、一応ちょっとフォローしておくと、自分のことがバカだとわかっている人は、そこそこ優秀な可能性が高いです。

アタマのいい人ほど、自分の限界を知っているので、「自分はこの人には勝てない」とか、「この部分は、自分には能力がないんだ」と素直に認めて、能力のある人に教えてもらったり、やり方を真似したりすることで軌道修正できるのです。これは独学にも欠かせないプロセスです。

自分が無能であることを自覚することは、とても大事な要素です。

自分がバカであるという現実をいったん受け止めて、そのあとの行動に活かすことは独学に限らずステップアップをしていく方法のひとつなのです。

才能がなくてもやっていける

自分が無能であることを自覚できる人は「そこそこ優秀な人」だと書きましたが、生まれたときからめちゃくちゃ優秀で、自分は無能だなんて思う必要がまったくないという人も、1億人に1人や2人くらいはいると思います。

こういう人はもう、天才です。

僕も含めて、多くの人はそのレベルに到達することはまず無理です。つまり、天才なんてほぼ出会うことはいないのです。

社会に出てそこそこやっていけるという人は、やるべき道筋を真似するのがうまいというだけのこと。

うまくいっている人のやり方をひたすらパクり続けてください。

その100パーセントのパクリにプラスアルファを少し足すだけで、けっこう世の中で勝てたりするのです。

本物の天才・ラマヌジャン

僕が本当の天才だと思う人のひとりが、インドの数学者・ラマヌジャン。

港で経理の仕事をしつつ、独学でいろいろな公式を考え続け「インドの魔術師」とまで呼ばれた人物です。

彼はあるとき、ひらめいた公式をケンブリッジ大学に送ってみました。

高度な数学の教育をしっかりと受けていなかったので、公式の正しさを証明する方法はわからないのですが、次々に公式がひらめいていく。それを手紙で送っているうちに、ついにはケンブリッジ大学の研究者になります。

なんで自分がそんなことに気づいてしまうのか、本人もわからないままに、円周率の近似値を求めるための公式などを直感で次々と見つけ出します。

そして、いまだに誰も解明しきれないような独自の見解が書かれたノートを遺して、32歳の時に病気で亡くなっています。ベジタリアンの彼にとって、肉中心のイギリスの食事がダメだったみたいなのですね。

彼みたいな人は本物の天才だと思います。

でも、**世の中でいわれている「優秀な人」というのは、ググればわかるようなことを言っているだけの人が多いです。**

そういう人は、誰にでもできることをちょっと要領よくやれるだけ。たとえその人が死んだとしても、いくらでも代わりはいるので誰かが困ることはほぼありません。でも、iPS細胞を発見した山中伸弥先生とか、公式を生み出したラマヌジャンのような人がいなくなれば、人類にとっては大きな損失です。

「努力ができる」というのも才能

僕には、プログラミングの才能はありません。

それに気づいたのは小学生から中学生にかけてのころです。

抜群にアタマのいいプログラムを瞬時に書いてしまう人を見たのですが、僕には気づくこともできない方向性だったので、こういう人には敵わないんだな、とはっきり思いました。

でも、**才能がないということと、仕事ができる人間になるかどうかは、まったく別の話なのですね。**

たとえば、会社で経理の仕事をやっている人には、数学者みたいなめちゃくちゃ高い計算能力は必要ありません。帳簿の知識とか給料の計算、振込手数料を引いて振り込むといった作業ができれば、仕事のできる人になれます。

仕事をするうえで必要な能力と、トップを目指すための才能は全然別モノです。

一方で、才能というのは、努力の量と努力の質に対する変数でもあります。

つまり、**「努力ができるタイプの性格に育っている」ということも才能なのです。**

努力の量だけでなく、努力の質に関してもわりと性格が影響するので、生まれつきの能力、つまり才能の占める割合は大きい。

大学受験レベルであれば、才能がなくても努力でなんとかなりますが、「オリンピックで金メダルが欲しい」となると、これはもう才能がないと無理ですよね。

そうなると、もって生まれた遺伝的なものが重要だということになる。

才能がなくても食べていける

たとえば、双子で生まれた兄弟が、それぞれ別の家庭にもらわれていった際のエピソードがあります。

弟は貧乏で教育に関心の低い家庭に引き取られ、パッとしない学歴でパッとしない仕事をしています。一方、兄のほうは裕福な家庭で育ち、いい教育を受けていい会社に入りました。

社会人スタート地点では、弟は給料が低かった。でも、もともとの能力値が高い人の場合、年をとって40~50歳くらいになると給料の差がなくなってきたりします。

社会では物事を処理する能力、知能指数の部分がわりと重要になってきますから、スタート地点で環境や学歴のせいでパッとしない仕事をしていたとしても、結果を出したり取引先を増やしたり転職したりすることで追いつくことができる。

この双子の話でも、最終的には弟のほうも給料がよくなった、ということになったみたいなのですね。

逆に、たまたまいい学歴でたまたまいい会社に入れただけの人は、40歳くらいになると、本人の能力と関係なくその会社にいるだけなので、役職もつかないし、「あいつ無能だよね」と言われて社内で不遇になることもあったりする。

ひたすら救いにならない話で恐縮なのですが、**「トータルだと才能マジ重要」ということが事実として存在してしまっているのですね。**

こんなことを書くと、「なんだ、結局は生まれつきの才能がないとダメなんじゃん」とガッカリしてしまう人もいると思います。

でも、僕が言いたいのはそういうことではありません。

才能がなくても優秀な人のやり方をパクれたら、だいたいなんとかなりますし、仕事はできるようになります。

つまり、ラマヌジャンのような才能がなくても食べていけるわけです。

プログラマーとして飯を食っている人で、独自のアルゴリズムを開発した人なんてほとんどいません。動いているものを真似して動かせるようになる能力だけで、十分やっていけてしまうのです。

ひろゆき＝器用なだけ

ありがたいことに、僕は「アタマがいい人」というカテゴリーに入れられることがあったりします。

なんでも、「論理的な話ができるから」ということらしいですが、論理的な説明なんてやろうと思えば誰でもできます。ちょっとしたコツがいるだけです。

本当にアタマがいい人にあるのは「ほかの人が気づかないものを見つけられる能力」で、僕にあるのは「アタマがいい人が見つけたものを使う能力」でしかありません。

たとえば、テレビは現代人であれば誰にでも使えるものですが、もしも太古の人類が「テレビをリモコンでつけている人」を見たら、「こいつ、天才じゃん！」と大騒ぎになると思います。でも、こちらはアタマのいい人がつくったテレビを、自分でつくったわけでもないリモコンで操作しているだけなのですね。

つまり僕がやっているのは、テレビを操作しているのを見た太古の人類から「すごい！」と思われているレベルのことで、そこには独自性も何もないのです。

僕は単に論理的に整合性の通った式をしゃべっているだけです。「1＋1＝2」と言っているレベル。「(1＋1)×2＝4」という式を、「まず1＋1で2になって、それに2を掛けるから4になるんです！」と説明しているにすぎないのです。

パクリのすすめ

「人の真似をして生きるのってむなしくないですか?」と聞かれたりもします。

そういうことを言ってくる人も、自ら、誰かがつくった日本語という言語を真似して話しているわけです。本当に真似がイヤなのであれば、日本語を使わないで生きてみるのがいいんじゃないかと思ってしまいます。

そもそも、**うまくやっている人の方法をパクることなしに、独学なんてものは不可能です。**

プログラミングに限らず、料理だろうとなんだろうと、世の中のあらゆるものは真似し真似されていくのが当たり前です。わざわざ「卵かけご飯は俺が発明した!」と言う人は、たぶん世の中にはいないと思います。

たとえば、「リバーシ」というゲームがあります。このゲーム、「コマ」の色が白黒ではなくて赤と黒になっているだけで、その内容はどう見ても「オセロ」なわけですが、オセロという名前は権利で保護されているから、その名前さえ使わなければいい、と。

「数独」と「ナンプレ」でも同じことがいえます。

ゲームの仕組み自体は、誰もが思いついてしまうから、権利で独占させるのは難しいのだと思います。絵や音楽はパクったらさすがに負けますが、ゲームの仕組みは、仕組みというだけですからパクれてしまうのです。

パクリの技術

パクリは重要。

でも、パクリをうまくやれる人とやれない人が世の中にはいます。

先ほども触れましたが、僕のユーチューブ動画の「切り抜き」チャンネルが増えてきていまして、今だとたぶん100チャンネルくらいになっていると思います。

古い「切り抜き職人」さんだと、4年前くらいからやっている「にーとちゃんねる」さんがいて、最初は鳴かず飛ばずだったのが、最近、同様のチャンネルが増えてきたこともあって広告が入るようになり、ようやく儲かるようになってきていると思います。

今いちばん売れているのは、始めて1年くらいの「せまゆき」さんだと思いますが、あの人は、動画を単に切り抜くだけではなく、複数の動画から切り貼りしてひとつのテーマでくくったり、いちいち字幕を入れたりと、丁寧に付加価値をつけることで再生数を伸ばしています。

ほかにも再生数が伸びている人を見ると、タイトル設定やサムネイル画像に一工夫加えるなど、うまくやっているんですね。そういう工夫を考えられるような人は、ほかの分野にいってもうまくいくと思います。

僕の動画の「切り抜き」をやめて、次にユーチューバーのヒカルさんの切り抜きをやったとしても同じ方法論は使えるでしょうし、まとめサイトでうまくやれた人は、

「ガールズちゃんねる」だとか、「大手小町」だとか、ほかの分野でもそれなりにうまくやっていけると思います。

つまり、**うまくやれるというのは、優秀かどうかということは関係なくて、うまくいってるところのいいところどり、真似をできるかどうかということです。**

オリジナル性で才能を発揮する必要なんてありません。

再生数が伸びてチャンネル登録数が増えているところを見れば、「こういうところを丁寧にやっているんだな」ということがわかる。それを丸パクリすればいいだけの話です。

逆に、字幕もつけない、サムネイルも凝らないような人は動画の再生回数も伸びません。表面上は似たようなことをしているけれど、うまく真似できていないのです。

真似してもうまくいかない人

僕の動画の切り抜きをする際は、「ガジェット通信」というところに「切り抜きやります」という連絡をもらうようにしていますが、連絡をしてくる人のなかで、この人はうまくいかないだろうなあ、というタイプの人がいます。

たとえば、1、2カ月くらいですぐやめてしまう人。

4年くらい前からやっている「にーとちゃんねる」さんは、ユーザーがちょっとずつしか増えず、思ったほど売り上げが伸びなかった時期を乗り越えて今があります。そんなことは当然なのに、それが我慢できなくて1カ月くらいでやめてしまう人がけっこういます。

しかも、やめるにあたってコンテンツを全部消したりしているのです。

全部消してから次に行くというのは、オリエンタルラジオの中田敦彦さんの悪い影響もあると思います。中田さんはユーチューバーとしての活動がうまくいかなかったときに、もともとあった動画を「全消し」して、新しく「YouTube大学」というチャンネルを立ち上げて成功しました。

でも、それが成立するのは固定ファンがいる中田さんくらいのものです。

固定ファンがいないのに動画を全消ししたら、誰かが間違えてクリックしてくれる

可能性も全部消えるだけです。

「無駄な努力を何度もするのは効率が悪いよね」という、普通に考えればわかることをわかっていない人がいて、そういう人はパクリもうまく続けられません。

世間の常識と実態はけっこうズレている

あとは、世間でいわれている法則と実態はかなり違う、ということも押さえておいたほうがいいと思います。

テレビ放送が始まった当初、映画の俳優は、無料で見られるテレビなんかに出たら自分の価値が下がってしまうと考え、テレビに出ないようにしていました。映画はお金を払わないと見られないので、「その分、格が上なんだ」と思い込んでいた。

その結果、映画俳優の人気は下がっていきました。

一方のテレビ俳優はものすごい勢いで売れっ子になって、舞台に出れば「テレビのあの人に会える」ということでめちゃくちゃチケットが売れる。もちろん、映画も

「テレビのスター」を出演させるとお客さんが増える。そこで「テレビはすごい」ということに気づいた映画俳優たちが、テレビ界に来るようになりました。

今、まったく同じ構造のことがネットで起きています。

今では芸能人がユーチューブをやるようになりました。

テレビは基本リアルタイムで見るものなので、よっぽどヒマな人でもない限り、タレントさん目当てでテレビを見ることは少なくなっています。今の若い人は、テレビをなんとなくつけておくだけで、ザッピングなんてしない。タレントとの出会いの場はネットになっていたりするのですね。

「テレビに出られないようなやつがネットに行く」なんていうことを以前、明石家さんまさんが言っていましたけど、今はたぶんユーチューバーのほうが集客力は高いと思います。

ヒカルさんが手がけている靴のブランドが売り上げ20億円になったとか、コラボした企業の株価が100億円分くらい動いた、というようなことも実際にありました。

ダウンタウンの浜田さんと松本さんが「ダウンタウン」という名前の靴を売ったと

ころで、そこまで株価は動かないだろうし、ビートたけしさんがTシャツを売ったところで20億円は売れないと思います。

独学するうえでも、そういう状況の変化や世の中の動向をきちんと押さえておいて、何を真似するべきかを考えたほうがいいと思うのです。

成功話はおトク情報

他人の成功話を聞くと、「自分はこんなに苦労しているのに、コイツが成功してるのは許せない。ムカつく!」みたいな反応をする人がいます。

くやしがるのは勝手ですが、僕にしてみれば、「おトクな情報」をみすみす見逃しているという意味でも残念な人たちです。

僕はうまくいっている人を見ると、「こんなに簡単に成功できるんだ、人生楽勝じゃん!」「いい情報を手に入れた、真似しよう!」と考えます。

他人が成功している話は僕にとって、いい情報。

これを真似すればいいんだから世の中はラクだな、と思えるお手本です。

そのうえ、**成功している人の「隙《すき》」が見つけられたら、「あ、この人はまだこれをやっていないから、僕がこれをやればプラスアルファになって勝てるじゃん！」ということになります。**

すごくおトクな情報です。

つまり、成功している例をたくさん見ておけば見ておくほど、「こうやって成功するんだ」「成功する人ってこういう性格なんだ」「成功する人はこういう考え方をするんだ」というおトクな情報がどんどんたまっていくので、生きやすくなっていきます。

うまく真似するコツ

成功した人の真似をするときにはコツがあります。一気に全部を真似しようとしてはいけません。

人の動きには、喋り方に始まり、立ち居振る舞いやイントネーションなど、いろいろな特徴があります。それを一度に真似しようとすると、気にすることが多くなりすぎてしまい、うまく真似できません。

だから、**まずは立ち居振る舞いだとか、言葉遣いとか、受け答えのうまさだとか、何かひとつだけを真似するようにしたほうがいい。**

ちなみに僕は、新しいサービスをつくるときに規約をパクります。

2019年につくった「ペンギン村」というサービスは、規約を考えるのが面倒だったので、キングコングの西野亮廣さんがやっているオンラインサロンの規約をパクりました。西野さんがペンギン村の規約をみたら、「あ、パクってる！」と絶対にわかるレベルです。

ですが、規約には思想や感情といった表現はないので、著作物としての権利を主張するのは難しいのではないかと思います。

加えて、西野さんであれば、たぶん笑って許してくれるのではないかと思ったというのもありますが……。

なんでもパクるバカ

パクれ、パクれと言い続けてきましたが、一方で、表面的なことに感化されすぎるのはバカがやることなので気をつけてください。

この本の0章でも書きましたが、成功者のなかには「大学に行かなくてもうまくいきました」「勉強なんかしなくても成功しました」という人もいます。

だからといって、**そういう表面的な部分だけに感化される人は基本的に無能なので、真に受けて真似するとだいたい失敗します。**

たとえば、イチロー選手が大学進学なんて考えずに野球をやり続けて成功したという話を聞いて、「ああ、大学になんて行かないで夢を追いかけるのが正解なんだ」というように感化されてしまう人は、アタマが悪いです。

イチロー選手を表面的に真似て、勉強もせずに好きなことだけをやっていて歳をとり続けたら、気がついた時には「人生、詰みました」ということになってしまう可能性が高いと思います。

なんでも感化されてしまうのはバカ

「好きなことをやって生きていたら成功しました」みたいな話は幸せそうに聞こえますが、たいていの人はそんな能力も運もありません。

たとえば、宝くじに当たった人を見て、「俺も当たるかも」と思って買う人はバカでしかありません。

確率論で考えると、宝くじを買うくらいならば、ずっと貯金していたほうが少額といえども利子でお金は増えるはずなのに、アタマの悪い人はガチで信じて買ってしまいます。

「ギャンブルはアタマの悪い人が払う罰金」「宝くじは愚者の税金」という言葉があ

ります。

8割の人が損をしていて、1、2割の人がうまくいっているのを見て、自分もこの1、2割に入れるだろうと思い込んでしまう。でも、ギャンブルにハマったり、宝くじの当選確率もわからないくらいアタマが悪いのだから、その1、2割に入れるわけがないのです。

まれにパチンコなどで稼いでいる人はいますが、その人たちはそれなりに努力をしていて、稼ぐための方法論をもっています。「パチンコ攻略情報」みたいな雑誌に書いてあることを真に受けたりもしません。

ところが、アタマの悪い人たちはきちんと稼いで成功している人を見て、「じゃあ、俺もパチンコ攻略情報の雑誌を買えばいい」と思い込んで、雑誌代を払ってパチンコ屋にもお金を取られて、何も手に入れることができずに人生をムダにします。

「ホリエモン基準」を真似るとバカをみる

堀江貴文さんは誰かの真似をして成功したわけではありません。

たとえばですが、「あり金は全部使え」「貯金はするな」というのは、すべて堀江さん基準での話です。

堀江さんは、努力はできて当たり前だし、必要な努力はやり続けるのが普通のこと、と思っています。そして、それを自分自身で実践できてしまうし、ちゃんと結果も出しています。

「東大に行きたければ勉強すればいいじゃん、努力するだけじゃん」と堀江さんは言っていますが、「その努力することがまず難しいよね」という人の気持ちが、ナチュラルボーンで努力ができてしまう堀江さんには理解できないのです。

だから、**凡人が堀江さんの言うことを真に受けて、表面的な真似だけをしても、堀江さんと同じ能力がないと同じところには行けません。**

たとえば、イケメンの人が「ナンパなんて簡単だよ、声をかければ女の子なんていくらでもついてくるよ」と言うのを真に受けて、ブサイクな人が声をかけても、女の子がついてくるわけはなくて、**むしろ通報されて警察が来てしまうことだってありえるわけです**。それと同じことなのです。

成功している人の資料のつくり方だとか、計算の仕方だとか、方法論の一つひとつをパクる分にはいいのですが、その人が発言する意図だとか、思考のプロセスを理解せずに結論だけを真似しようとするとバカをみます。

バカは結論だけ知りたがる

成功者から学ぶべきことは、結論ではなく思考のプロセスです。それなのに、アタマの悪い人は前提の情報をきちんと理解しないで、短絡的に結論だけを聞こうとします。

僕のユーチューブ動画の「切り抜き」も、長すぎるから短くして要点だけ知りたいというニーズがあるみたいなのですが、それは短絡的に答えが欲しい、短い時間で答えが知りたいということなのだと思います。

でも、多くの場合、**重要なのは単純に答えや結論を知ることではなく、どうしてその結論に至ったのかという理由の部分を理解することだと思います。**

たとえばですが、「家庭用蓄電池って流行《はや》ると思いますか？」という質問に対して、僕の結論から言えば、「うん、流行ると思います」。

でも、その前提には、中国、インド、アメリカの火力発電とか原発を推進する流れが勝つのか、あるいは、グレタ・トゥーンベリさんみたいなエコの主張が勝つのか、という話があります。

僕が「なぜ」、流行ると思うと判断したのか。

その理由のほうがずっと大事ですよね。

こういう材料・情報があります、だからこういう結論に至ります、ということが大事なのであって、結論自体がそれほど大事だとは思いません。

むしろプロセスを知っていれば、結論なんて自然と出てくるものです。

ところが、アタマの悪い人は理由を理解せずに、短絡的に結論だけ聞こうとしてきます。

「家庭用スーパーコンピュータは流行ると思いますか？」「量子コンピュータは流行ると思いますか？」というような質問に「はい／いいえ」でどんどん答えることもできますが、それを聞いて覚えて、何かいいことがあるとはとても思えません。

むしろ、「量子コンピュータが流行ると思いますってひろゆきさんが言ってました」と誰かに言ったところで、そこに説得力はいっさいありませんし、**「ひろゆきさんがユーチューブの動画で言ってたんですよ」と説明したら、「こいつ、アホだな」と思われるだけです。**

結論なんて、時代や前提によってズレていくものなのです。

状況は常に変化する

ちなみに、今の時点で家庭用蓄電池に対する僕の結論は「流行る」ですが、数年後、アメリカの政治情勢がどう動いているかわからない。アメリカの影響力で世界の流れが変わっている可能性もありますし、ほかのエネルギー源が開発されて家庭用蓄電池が廃れる可能性だってある。

昔、アイフォンが発売された当初、僕は「アイフォンは流行らない」と言ったことがありますが、当時の状況からさまざまな要因が変わらなければアイフォンは流行らないと本当に思っていました。でも、その後いろいろな状況変化があったことで、結果としてアイフォンは流行っています。もちろん、その理由やプロセスにも納得していますし、そりゃ流行るよね、とも思っています。

こんな感じで、**今の時点での結論の部分だけをパクっていても、何も意味がありません。**

じゃあ、「ひろゆきからは何をパクればいいのか？」っていう話ですよね。

ひとつ言えるのは、僕のこんな話し方を真似してしまうと、周囲から嫌われやすくなるくらいで、生きていくうえでトクすることはほとんどないということです。

くれぐれも気をつけてください。

第 4 章

力を伸ばす

シンプルに考える

学びにおいて、思考を整理してシンプルに考えることは、けっこう重要なんじゃないかと思っています。

極力シンプルに考える癖をつけることで、「いちばん重要な部分はどこか」という軸がブレにくくなるからです。

そうすることで、第三者に説明するときにも要点が伝わりやすくなりますし、何かを覚えなければならないというときにも、要点を覚えておけば枝葉の部分まで丸暗記しなくて済むこともあります。

優秀である必要はまったくなく、ちょっとしたコツさえ押さえておけば誰にでもできるようになることなので、苦手意識のある人は、練習してみるといいかもしれません。

というのも、これは学びに限らずリアル社会でも役に立つことだと思うからです。

優秀な人の説明は長くなりがち

優秀な専門家の先生にありがちなのが、学術的な正しさを追求しすぎたせいで説明が長くなりすぎてしまうパターンです。これだと聞いている側の理解が追いつかず、結果、置いてけぼりの状態になってしまう。**きちんとした先生ほどちゃんと説明しようとするので、そうなりがちです。**

以前、専門家の先生とテレビ番組で共演する機会がありまして、「性格というのは遺伝によってどれくらい影響を受けるのか」と僕が質問したことがありました。

その際に、「それって、ある程度遺伝で決まるって言っちゃっていいんでしょうか？」と聞いたところ、先生曰《いわ》く、「僕の教え子が『決まる』とテストの答案に書いたら、バツをつけます」と言うのです。

理由は、「決まる」というと、日本語としてはだいたい100パーセントくらい確定しているという話になってしまうからです。

遺伝というのは、「傾向としてある」というだけのことなので、それで「決まる」とは言えない。なので、おおよそ80パーセントくらい遺伝する傾向があるということなのですが、それはあくまで「傾向がある」というだけで「決まる」ではありません。

当然のことながら、こうやって厳密さを追求しようとすればするほど、説明がどんどん長くなっていきます。

その専門家の先生は立派な方でしたし、大学で生物学をやるような人であれば当然わかる話なんでしょうけど、そうではない一般の人がそういう込み入った説明を理解できるかというと、ちょっと難しい気がしているのです。

優秀な人が、必ずしもわかりやすく説明できるわけではない。

むしろ、優秀だからこそわかりにくい説明になってしまうということもあるのですね。

もともと説明下手だったひろゆき

ちなみに僕は、もともと説明がめちゃくちゃ下手でした。あまりに下手すぎて、相手を泣かしてしまったことさえあります。

昔、「麻雀を覚えたい」という人に麻雀を教えてあげたときのこと。

僕は「麻雀がうまくなりたいのであれば、チーとかポンとか鳴くことをやってはいけません」と言いました。

理由は、安易にチーとかポンとか鳴いて手牌《てはい》をそろえていくと、簡単な役《やく》をつくることはそれなりにできるようになるのですが、そういった安易な手ばかりを狙っていると麻雀は上達しないと思ったからなのですね。

でも、教えてあげていた人が鳴いたので、**「なぜ鳴いたの？」と問い詰めたら、リアルに泣いてしまったのです。**

きちんと説明もしてもらえずに「これをやれ」と言われて、詰められたりすれば、泣きたくもなりますよね。

ボキャブラリーを減らす

そんな僕がテレビの番組に呼ばれて、最近では「ひろゆきの説明はわかりやすい」と言ってもらえることさえあるわけですが、それは単にボキャブラリーが減ったからだと思います。

僕は今、フランスに住んでいて、仕事上、英語を使ったりもしますから、英語とフランス語を覚えないとならなくて、日本語のボキャブラリーがだんだん減ってしまっています。結果、僕が今使っている言葉というのは、小・中学生くらいまでのボキャブラリーで組み立てられています。

それでなんとか意思を伝えようとしていたら、自然とわかりやすい説明になってきた、という感じなのです。

実は、外国語も同じです。

英語ネイティブの人は、おそらく2万語くらいの英単語を使いこなしますが、僕はおそらく5000語くらい。中学生の授業で覚えるような単語を組み合わせてなんとか意思を7割伝える、みたいな喋り方です。フランス語も同様です。

自分の思ったことが100パーセント伝わるなんて思っていないし、そもそも100パーセント伝えようとも思っていません。

自分が知っている単語をなんとか組み合わせてある程度伝えようとした結果、わかりやすい説明になるということが、逆説的に起きたわけです。

思考がまとまらない、まわりの人に上手に説明できないという人は、難しい言葉を使いすぎていないかどうか、立ち止まって考えてみるといいです。

日本語の会話なのに、「アサイン」だとか「コミットメント」だとか、やたらと横文字を使いたがる人は多くいますけど、**あまりアタマがよくない人ほど、よくわからない熟語や単語を使いがちだと思います。**

箇条書きなら無理なく伝わる

相手に何かを伝えたいと思ったら、箇条書きにすることをオススメします。

僕自身、指示書や企画書を書くときは基本、箇条書きです。

箇条書きというのは、主語・述語で「私はこれをする」「会社はこれをする」「あなたはこれをする」「いつまでにこれをする」といった形になるので、シンプルで理解しやすいのです。

もっとわかりやすくすると、たとえば料理をつくるとして、そのレシピが文章で書かれていたらわかりにくいですけど、それぞれの手順に最初から最後まで番号が振られていて、箇条書きになっていると理解しやすい、ということと似ています。

ところが、文章が下手だといわれる人ほど、箇条書き以外の文体で書こうとする傾向があります。相手に伝わる文章を的確に書ける人であればいいですが、それができないなら箇条書きにしたほうがいい。

こういう話をすると、「アマゾンの会議では箇条書きの資料は禁止です」と反論してくる人もいますが、アマゾンで働けるほど優秀ではない人が大半なので、もっと現実をみましょう。

思考は整理してシンプルな表現に落とし込む。伝える言葉もポイントを整理して簡潔に。

これが基本です。

論理的に考える

最近、「論理的思考」という言葉をよく耳にします。

「論理的に考えること」は、学びに限らず、実社会ではわりと求められる機会が多いですよね。

ただ、論理的思考と言われても、どうしたらいいのかいまいちピンとこないという人もいると思います。

そういう人はどうしたらいいのか、僕なりに考えてみたのですが、まずは「自分がなぜそう思ったのか」というのを正直に認めることから始めるのがいいのではないかと思っています。

「個人的な感情」を意識する

たとえば、「AさんとBさん、どちらの言っていることが正しい？」という判断を、僕がしなければならないとします。

僕はAさんのほうが好きで、Bさんが嫌い。

そういう背景がある場合、「Aさんの意見が正しい」と言ってしまう場合がある。

これはまったく論理的ではありません。個人的な感情が混じってしまっているからです。

でも、多くの場合、人は「Aさんの意見を推します。なぜなら、私はAさんのほうが好きだから」なんて言わず、たとえそう思っていても隠そうとします。もっともらしい理由をつけて、それこそ「論理的にみえる」説明をしようとするのですね。

でも僕は、個人的な感情を隠さないようにしよう、ということを最近は意識的にやっています。「Aさんが好きだから、Aさんを推したい」という自分の感情をきちんと認識する。そのうえで、「Aさんが好き、という感情を完全に切り離した場合、どっちが正しいだろう？」と考える。

自分の感情を認め、それをひとまず置いたうえで「どっち？」「どう考える？」ということをやると、論理的思考をするしかない状態になります。

これは、わりと重要なことです。

論理的思考を鍛える

論理的思考を鍛えるためには、「調べないでどうやって答えを出そうか」というふうに、自分のアタマで考える癖をつけることも、けっこう大事だったりします。

3章でも書きましたが、**結論はそれほど重要ではなく、「どういうふうに考えた結果、その答えに行きついたのか」という思考のプロセスの部分のほうがずっと大事です。**


たとえば以前、グーグルの入社試験の面接で「日本に電柱は何本あるでしょう」という問題が出されたことがあるそうですが、当然ながら「何本です」などという知識の有無を問われているわけではありません。

面接官が知りたいのは、その答えにたどりつくまでの思考のプロセスの部分だからです。

これはあくまで僕の考え方ですが、ちょっとシミュレーションしてみるとこんな感じです。

電柱は、電線の先で電気を分岐するときに必要になる。つまり、各家庭に電線をつなぐために電線を分岐させなければならない。ということは、日本の世帯数と電柱の数は同じくらいではないかと考える。

でも、発電所から各家庭まで電線を引かないといけないわけで、そこにも電柱は必要。そのように考えると、電柱の数は世帯数よりも多いだろうということに考えが至ります。

日本の世帯数はおおよそ5000万くらいといわれているから、電柱はそれより多いとして6000万本くらいだろう。しかし、大都市の場合にはマンションのような集合住宅が多くて、1つの建物にたくさんの世帯が入っているから、その場合は分岐の電柱は1本で済むだろう、という逆算の部分も出てきます。

また、日本では都市部に人口が集中しているので、このあたりを考慮するとトントンで電柱は5000万本くらいでしょうか、という推測ができたりします。

ちなみに、これを前述の箇条書きにすると、

・電柱は、電線に流れる電気を各家庭に分岐している
・つまり、日本の世帯数と電柱の数は同じくらい？
・でも、発電所から各家庭までの電線を引くための電柱も必要だ

・だから、電柱の数は世帯数よりも多いはず
・日本の世帯数はおおよそ5000万
・電柱はそれより多いはずだから6000万本くらい？
・ただ、日本には集合住宅も多い
・集合住宅に住んでいる複数世帯の電柱は1本で済むはず
・また、日本の人口は都市部に集中している
・このあたりを加味したとして、世帯数と同じ5000万本くらい？

こんな感じです。

ちょっと長くなりましたが、**こういう「答えがわからないもの」に対して自分でどうやって考えて答えを導き出すかという能力は、なんでもスマホでググってばかりいると身につきにくいです。**

もちろん、調べることも大事ではあるのですが、どうしてそうなったかを考える能力は、安易に答えを知ることができると身につきにくかったりするのです。

なので、たとえば時事問題ひとつにしても、「これはどういうことなんだろう?」と疑問に思ったことがあれば、すぐさま答えだけを調べようとしないで、自分である程度の推測を立てて考えてみる。

そのうえで、信頼できる情報を集め、事実を探ってみるといいと思います。

社会は案外、理屈で動いてない

一方で、リアルな社会では、「論理的であるかどうか」よりも、相手が納得できる理屈をもってこられるかどうかということがけっこう重要視されます。

たとえばですが、近々サッカーのワールドカップが開催されるとします。

そのとき、「日本チームを応援するのとベルギーチームを応援するの、どちらが正しい?」という話になったとしましょう。

当たり前ですが、どちらのチームを応援しようと間違いではないので、「正しい／正しくない」という次元の話ではありません。

ただ、日本人の多くは日本のチームを応援するので「日本チームを応援するよ」と言うと、みんな納得してくれます。そこにあるのは正しいか正しくないかの理屈ではなく、相手に納得してもらえる材料だけです。

同じ流れで、会社で新商品をつくって売り出そうという話になったとします。つくるのは日本の企業だけれど、それを日本とベルギーで販売する予定があるというとき、商品のイメージカラーは赤と青のどっちにしましょう？　という話になった場合。サッカーの日本チームのイメージカラーは青、ベルギーは赤だから、やっぱり赤より青ですよね？　と提案してみる。

論理的には、自分たちがつくろうとしている商品と、ワールドカップのチームカラーなんてまったく関係がないんです。でも、相手の人が納得しやすい材料をもってくるだけで、意外とすんなり意見を受け入れてもらえたりします。

リアルな社会は案外、論理だけでは動いていないんですね。

理解してもらえる言葉で話す

ところが以前、日本で音楽の著作権を扱うジャスラックの会長さんが、音楽学校に著作権料を払わせるかどうかという話になったとき、「バナナの叩《たた》き売り」を引き合いに出して説明したことがありました。

曰く、バナナの叩き売りをしている人でも、バナナをちゃんと仕入れているのだから、仕入れ代（＝著作権料）を払うのは当然だ、というような主張をしていたわけです。

ところが、僕は生まれてこのかた、バナナの叩き売りなんてリアルで見たことがありません。

その会長さんはおじいちゃんでしたが、「バナナの叩き売りを見たことがある人が、現代日本にどれくらいいるか」ということを考えもせず、自分だけが納得できる話をただ喋っていたのではないかと思います。

自らの「こうだろう」という思い、「こうなってほしい」という希望をそのまま口に出していただけで、「いかにして相手に理解してもらうか」ということはあまり意識していなかったのでしょう。

自分の主張を理解してもらうためには、相手の理解度に合わせて、相手の理解できる言葉で話をしなければ意味がありません。

学びの基礎として、論理的思考は大事ですし、普段から鍛えておいたほうがいい。でも、世の中がすべて理屈で動いているわけではないこと、そして、理屈はさておき、相手に理解してもらいたいのなら、最低限、相手に伝わる手段を選ばないとそれは無理なんだということはアタマに入れておいたほうがいいです。

ちなみに、僕がアタマがいいなと感じる人の多くは、合理的な考え方が上手で、状況に合わせて必要な要素を組み合わせることができている、というのが実感としてあります。

疑う力を養う

先ほど、「ひろゆきは説明がうまい」などと一部の人から評価してもらっているという話をしました。

でも、果たして僕が言っていることはすべて正しいのか？

当たり前ですが、そんなわけはないですよね。

くれぐれもダマされないように気をつけてください。

ユーチューブで配信している動画に関して言えば、僕の喋りにはちょっとした「マジック」があったりします。

通常、僕は質問してきた人のコメントを読み上げて、それに対して回答する形で好き勝手に喋っているだけなのですが、僕のほうで「あなた、こういう状況ですよね」

などと、完全な主観で補足を入れてしまっています。

はっきり言って、その補足にはなんの根拠もありません。

「迷いのない人」の声は大きい

それでも、動画を見ている人のなかには、僕の勝手な設定について「質問には書かれていないけど、そういうことなんだ」と錯覚して、「ひろゆきは適切なことを言っている」と思い込んでいる人もいるかと思います。

でも実際は、いちいち質問者の背景について確認をとっていると話が先に進まないので、早口でわーっと適当に喋っているだけ。僕の推測が正しいかどうかなんて関係ないのです。

説明するまでもなく、僕のユーチューブチャンネルは、報道番組でもなんでもありません。言ってしまえば、「お酒を飲んだオジサンが好き勝手喋るだけのコンテンツ」にすぎないのですが、受け取った情報に対して、あまりに無防備というか、そのまま信じてしまうナイーブな人が多い。

学びに限ったことではありませんが、ここでは「疑う力」を養うことの大切さを改めて強調していきたいと思います。

この章の冒頭で、「優秀な先生ほど、説明が長くなりがち」という話をしました。

そこで書いたように、**正確なことを言わんとしている人ほど、自信満々に、何かを決めつけたような言い方をすることは、傾向として少ないです。**

僕が正確に情報を伝えようとするなら、たとえば「コロナのワクチンの効果は？」という問いに対して、「効果はあるといわれているが、その効果がどれくらい持続するのか、日本人への副反応はどのようなものがあるのかなど、まだわからない部分もあるので、全員が受けるべきとは全面的には言えない」といった具合に、ある意味、曖昧《あいまい》とも受けとれる説明をします。

一方で、科学的正しさに欠ける論客が、「ワクチンなんか打っても意味がないです」とか、「ワクチンさえ接種すれば、あらゆる問題は解決します」と**自信満々に断言するとき、人はダマされやすくなる傾向があるのです。**

テレビが垂れ流すデマ

「一定の効果はあるだろうけれど、重篤な副反応が起こる可能性もゼロではないし、効果がどれくらい持続するのか、変異株への効果はどれくらい期待できるかなど、未知数のことは多い」。

これがワクチンについて、現時点でわかっているところだと思います。

ところが、それに対し「呼吸器感染症のワクチンというのは効果がない」というようなことをテレビの番組で断言していたのが、獣医学者で、京都大学でウイルスの研究をしている宮沢孝幸さんという方でした。

でもこの世界にはすでに、「麻疹《ましん》」という、呼吸器感染をするウイルスがあります。免疫をもっていない人が感染するとほぼ100パーセント発症し、脳炎や肺炎などを発症してだいたい1000人に1人が命を落とすくらいの感染症です。

でも、麻疹はワクチンを接種すればほぼ罹患《りかん》しません。発症する人はゼロにはならないし、副反応もゼロではありませんが、ほぼ99パーセントくらいの人はワクチン接種で麻疹の感染を防げる。

つまり、**呼吸器感染に対して効果のあるワクチンはちゃんと存在するわけです。**

ところが、京大の准教授という肩書きをもつ人が、テレビで「呼吸器感染症のワクチンは効かない」と断言していることに対して、ほかの共演者は誰も突っ込まない。番組側も事実訂正をすることはない。異常なシチュエーションです。

「どうして断言しちゃうの？」「事実と違うよね？」と誰かが突っ込むべきなのに、自信満々に言っていることに対して、まわりの人はつい受け入れてしまいがちです。

「コロナは怖くない」という大ウソ

2020年の大晦日《おおみそか》、僕は「アベマプライム」というテレビ番組に出演しました。「メディアの功罪」というテーマで、何人かのゲストと話をしたのですが、「過剰なコロナ報道」が世の中に悪い影響を与えているんじゃないか？　という話題になったとき、出演者のひとりが「インフルエンザで死ぬ人のほうが多いんだから、コロナを怖がる必要はないんじゃないか」というようなことを言い出しました。

ちゃんと調べれば、インフルエンザのほうが「致死率」ははるかに低い、ということはすぐにわかります。

インフルエンザに関して言うと、日本国内では年間1000万人くらいが感染して、2018年には約3000人が亡くなっています。でも、コロナは今、日本国内で74万人くらいの感染者が確認されていて、約1万3000人が亡くなっています（2021年5月末現在）。

致死率において何倍もの差があるのは一目瞭然ですし、フランス国立保健医学研究所（Inserm）などの専門チームが発表した研究結果もあるわけです。

そういった少しでも調べればわかることをスルーして、**あたかもインフルエンザとコロナの致死率が同じ程度であるかのような発言をするのは、デマを流す行為に等しいと思います。**

しかもテレビ番組の場合、その発言だけをたまたま耳にした人が、その言葉をそのままま信じてしまう可能性もあるのです。

欠かせないのは「批判的吟味」

「報道の自由」「表現の自由」が云々《うんぬん》、という話とはまったく別次元の問題として、デマを流す行為は害悪です。

個人のブログなどであれば好きにやればいいと思いますし、許容できる部分もありますが、公共のメディアでそれを流すのは間違ったことです。

日本には「放送法」という法律があり、テレビ局は中立な放送を流さなければならないと同時に、ウソをついてはダメということになっています。

ご本人のアタマがよくなくて、バカなことを考え、そのまま発言して失敗するのは全然いいと思いますが、そういった人のウソをメディアが垂れ流してしまうのはさすがに厳しい。

同じ番組で、愛知医科大学病院の後藤礼司さんという先生もゲスト出演していました。日々、コロナの重症患者の治療にあたっていて、患者さんが亡くなる場面もリアルで目の当たりにしている方です。

夜勤明けの状況で参加しているという後藤先生は、その番組内で次のようなコメントをしていました。

「僕ら（＝医療者）は『批判的吟味』を必ずするんです」

「論文を読むときも、何か事実があったときも、必ず批判的吟味をする。これ、本当に大丈夫かな？　って疑ってかかるんですよ」

同じく番組に出ていた、キングス・カレッジ・ロンドンの教授で公衆衛生学の専門家である渋谷健司さんも、『ネイチャー』や『ニュー・イングランド・ジャーナル・オブ・メディシン』といった一流誌に掲載されているような内容、つまり科学的根拠や原典に基づいた報道が日本では非常に少ないことを指摘していました。緊急時に突然メディアに出てきた人たちが根拠のない発言をしているけれど、それに対して、メディアがきちんと精査できていないことも問題であると。

お二方が指摘するまでもなく、日本のメディアに問題があることははっきりしています。

メディアが体質改善すべきなのは当然のこととしても、情報を受け取る側である僕らにとっても、後藤先生の言う「批判的吟味」、ひいては渋谷先生の言う「根拠や原典に当たること」は欠かせないことだと思います。

見たこと、聞いたことを鵜呑《うの》みにしていては、いつまでたっても何も学べませんし、そういうバカな人はダマされて損をするだけなのです。

トライ＆エラーを重ねる

言うまでもなく、実際に行動してみないことには結果につながりません。

ところが、「とりあえずまず動いてみる」「やってみる」ということが、なかなかできない人が世の中には大勢います。

これは、**やってみる理由よりも、やれない理由のほうが先にきてしまうからではないかと思うのです。**

たとえば、英語が喋れるようになりたければ、まず喋ってみることです。

ところが、なかなか喋ろうとしない人の場合、「この文法は合っているのだろうか」「この表現は適切だろうか」「正しい発音は」といった具合に、どうでもいいことばかり気になってしまって、肝心の喋ることが後回しになってしまいます。

というのも、僕自身がそうだったのです。

大学時代、アメリカに留学したばかりのころは、アタマの中で、日本語を英語に変換しながら喋っていたのですが、先にいろいろ考えすぎてしまってなかなか喋れなかった。

でも、お酒を飲むと、よく考えずにけっこう喋れたりするのですね。

つまり、細かいことが気にならなくなる。

文法がめちゃくちゃだったとしても、伝えたいことがあれば案外なんとかなります。海外から旅行で来日した人に話しかけられても、日本語で単語を羅列されれば、その意図を把握できたりするのと同じです。もし、それで伝わらなければ、身振り手振りを交じえて言い換えればいいだけのことです。

そういうことをやっているうちに、日本語で考えるのではなく、英語で思い浮かべながら英語で喋るという状態になりやすくなります。

ひとりでじーっと思い悩んでいては、何事も始まりません。

自意識過剰にならないでまずは喋ってみる。つまり行動することが大事です。

悩んでいるヒマがあったら行動しよう

あなたが売れっ子のマンガ家になりたかったとします。

マンガを描かなければマンガ家になることはできないので、とにかく机に向かわないことには何も始まりません。

やっとの思いで作品をひとつ描くことができたとしても、「その処女作がいきなり評価されマンガ家デビュー。たちまち売れっ子作家に！」なんてことは、よほどの天才でもなければまず無理。

となれば、とにかくマンガをたくさん描く必要があります。

「作品がひとつしかないです」という作家と、「作品を100点描きました」という作家がいたら、後者には100倍のチャンスがあります。100点の作品があれば、もしかしたらひとつくらい、面白いと評価してもらえるものもあるかもしれません。

昭和にミリオンヒットを連発した作詞家の大御所・阿久悠さんも、とにかく多作な方でした。

シングルの売り上げランキングでは、日本の作詞家部門で6834万枚と歴代第2位にランクインしています。ちなみに1位はAKB48の生みの親・秋元康さんです。

意外にも苦労人だった阿久悠さん

阿久さんは生涯で5000曲以上の作詞を手がけたといわれています。

毎年とてつもない数の詞を書いていれば、1年にひとつくらいヒットする曲が出てくる。それを毎年積み重ねることでヒット曲も増えていき、「阿久悠はすごいな」と評判になる。

阿久悠さんだって、初めから完全無欠のヒットメーカーだったわけではありません。たとえば、「夏の元気な感じ」で詞を書いてみたとする。けれども、まったくヒットしなかった。それなら今度は、「秋の少し淋しい感じ」で書いてみる。が、これもハズレた。

こんな調子で、阿久さんは「これでダメなら、次はこう変えてみよう」「ここを調整しよう」といった試行錯誤を繰り返していたわけです。

膨大な数のトライ＆エラーを繰り返すうちに、ヒットの傾向もなんとなくわかってきて、成功率も上がってきます。

バッターボックスに立ち続け、バットを振り続けたことで経験値が上がり、次第に打率も上がってくる。**空振りを恐れてベンチに座っている人に、ホームランなんて打てるわけがありません。**

超天才でもない限り、理想の実現に向けてできるのは、やはり一歩一歩、着実に進んでいくことでしかないのです。

ツイッターを利用した「実験」

毎日続けていれば、どんな人でもなんらかのスキルが身につきます。

たとえば、独学で動画編集を習得した人が、どんなに下手でも毎日動画をちょこちょこ上げ続けていたとしましょう。

5年、10年と続けていけば、動画編集スキルはおのずと上がっていきます。相当アタマが悪くない限り、それなりに上手になるし、コツをつかめてきて作業効率も上がります。

あるいはツイッターでフォロワーを増やしたい場合。コツコツとなんらかの発信を続けていれば、それなりにフォロワーも増えます。

完全な余談なのですが、僕もツイッターのフォロワーが50万人に近づいてきたころ、「フォロワーを増やす」ということを意識的にやってみようと思ったことがあります。

ほとんど遊び半分でやっていたのですが、**いろいろ試してみたところ、フォロワーを増やすのにいちばん効果的なのは「フォロワーの多い人に噛みついて炎上すること」だという結論に至りました。**

自分自身で面白いことをツイートすれば、たくさんリツイートされてフォロワーも増えるだろう、と考えている人も多いと思いますが、実は大して増えません。「いいね」やリツイートをいっぱいしてもらえるような発言をしたとしても、発言するたびにフォロワーは減る場合がある。

どうしてでしょうか？

それは「自分が誰をフォローしてるか」なんて、覚えていない人が多いからです。なので、知らぬ間にフォローしていた人が新しくツイートをすると、「あ、コイツいらねえや」とフォローを外されてしまったりする。

そう考えると、いっさい発言をしないというのが、フォロワーの減少を止めるいちばん効率的な方法かもしれません。でも、これだと減りはしないものの増えもしません。

でも、フォロワーの多い人気者が僕に絡んでくれて、返信をくれたりすると、一気に5000人くらいフォロワーが増えることもありますし、こちらが噛みついて炎上したりニュースになったりすると、これが一気に数を押し上げます。

僕はツイッターを使って一種の「実験」をしているだけなんですが、**意識的に続けていることで、「ツイッターのユーザーって、こういうネタに反応するんだなあ」なんていうことまでがだんだんわかってくるわけです。**

だから、たとえ遊び半分でやっているのだとしても、続けることは大事だと思います。

ただ、僕の「実験」に巻き込まれてリアルで被害をこうむった方がいらっしゃったとしたら、申し訳ないです。

この場を借りて謝っておきます。

ムダな努力はしない

「死ぬ気で努力すれば、たいていのことはなんとかなる」みたいなことを言う人がけっこういますが、**この世の中には、努力してできることと、できないことがあります。**

たとえばですが、デブでブサイクな40過ぎのオジサンが「ジャニーズに入りたい」「トップアイドルに君臨したい」なんて言っても、到底無理な話です。

同じことを10代のイケメン君が言っているのなら、「うん、入れるかもね」という話になると思いますが、このオジサンがいくら努力しても彼個人の力では不可能なのですね。

よっぽどのお金を積んで、生前のジャニーさんに頼み込んで……というような方法ならまだ可能性はあったのかもしれないですが、それでもほぼ望みは薄いわけです。

というわけで、個人ではどうしようもないことが世の中にはあります。

日本では「努力＝美徳」というふうにみなされがちですが、実現不可能なことについては、いくら努力しても意味がありません。

もちろん、何かを達成するためには一般的にいわれている努力が必要になるので、努力そのものは否定しませんし重要なことだと思います。

ただ、**大前提として「努力の方向性」を間違えないようにしないといけません。**

「好き」という最強の感情

イチローさんの言葉に「努力を努力だと思っている時点で、好きでやってるヤツには勝てない」というものがあります。

僕もそれは正しいと思っています。

努力は「好き」には勝てないのです。

僕はゲームもやるし映画も見るしマンガも読みます。エンタメに時間を費やすことが多いです。それが好きだからです。

だから、「毎日2時間必ず映画を見てください」と言われても、まったく苦になりません。

でも、「毎日2時間、必ず編み物をしてください」と言われたら、たぶん1週間もしないうちに気が狂い始めると思います。

好きでもないものを強要されてそれを無理やりやろうとすると、人はそれを努力だと感じてしまうのですね。

僕は映画を好きで見ているわけですが、「圧倒的努力で映画を見ています！」という人がいたら、それは「本当は映画が嫌い」ということなのだろうと思います。

努力して映画を見ている人は、映画が好きな人には勝てませんよね。

そういった意味で、「サイバー大学出身です」というエンジニアがいたら、僕は「あ、こいつ使えないだろうな」と思ってしまいます。

僕は、自分でプログラムを書きたくて書いているエンジニアの人以外は、それほど優秀だと思わないのです。

「ゲームをつくりたくてプログラムを学びました、僕のゲーム見てください！」という人と、「サイバー大学行きました！」という人がいたとしたら、後者はプログラムが好きでエンジニアをやっているわけではないんだな、と思ってしまいます。

知識としてのプログラムは学校で習得しているかもしれませんが、プログラミングを現役でやっていこうとすると、リアルタイムで新しい知識にアップデートしていかないといけません。

そして、学校で学んだ知識なんてすぐに使えなくなります。

好きという気持ちがないとアップデートは続けられないのですね。

だからこそ、プログラミングが好きじゃないと優秀なエンジニアになることは難しいのではないかと思ってしまうのです。

好きだという時点で、知識のアップデートに努力なんかいらないわけですから、「プログラミングを覚えれば儲《もう》かるかも。どんな仕事に使えるかな」なんて考えている人は、その時点で好きでやっている人には太刀打ちできません。

独学の場合はなおさら、どう努力するかを考える前に、それを好きだと思えるかどうかということのほうが大事だと思います。

「無理しないでも続く」ことが大事

たとえば、社員が「圧倒的努力」をして、週に何日も徹夜しないと回らないような会社と、みんながダラダラ働いていても回していける会社であれば、ダラダラやっていても回る会社のほうが組織としてはずっと安定しています。

多くの場合、人は20代から社会に出て働き始めて、60歳代後半まで働きます。何十年と働き続けることになるわけですから、「無理をせずに長く続けられる」ことはとても大事です。

独学も同じで、無理をしないで続けられること、途中で息切れしないで継続するためにいちばんいい方法を見つけることが重要だと思います。

圧倒的努力でなんとか切り抜けようとしても、そんなことを繰り返していたら、いずれ身体を壊します。あるいは、うつ病になったりします。興味があるからと手を出し、自分に「これは好きなことなんだ」と言い聞かせながら無理を重ねた結果、ストレスで極度の脱毛症になった人もいます。

本人が、「好きで好きで、寝る時間も惜しんでやっている」ということならば全然構わないのですが、目標のために仕方なくやるということになると、非常にきついものがあります。

「努力することが正しい。成功者はみんな努力しているんだから」みたいなことを言いたがる人は多いですが、それはどうかなと思います。

成功者だと思われているかどうかは別として、**僕はわりと幸せに暮らしているほうだと自分では思っているのですが、別にすごく努力して成功を手に入れたとかではないですし、努力した覚えもないです。**

大学受験でも「いかに努力をしないで合格するか」ということだけをトコトン考え抜いて、なんとか大学に入りました。

繰り返しになりますが、独学の場合、努力しようと思うよりも好きになれるかどうかを大事にする。で、好きなことには真摯に向き合えばいいと思います。

真面目であることは美徳じゃない

混同してしまう人が多いのですが、「真面目であること」と「努力すること」は違います。

真面目な人というのは「ルール」を守っているだけであって、ルールを守ることは必ずしも合理的なことではありません。

真面目であることが目的化してしまっている場合、その人はバカです。

ところが、真面目に努力したかどうかを評価したがる人が、世の中にはたくさんいるものです。

たとえばですが、成果をあげることよりも、「真面目に努力すること」そのものが目的化してしまっていて、部下にもそれを押し付けようとする上司。

せっかくエクセルでパパっと自動計算できたというのに、「数字が間違っているかもしれないから、電卓で検算しろ」と言い出してしまうような人もいますね。

でも、そう言われたからといって、本当に電卓で計算しちゃう人はもっとバカです。上司に嫌われたくなければ、電卓で計算したフリをすればいい。そして、その余力を何かほかのことに使えばいいだけです。

結果をきちんと出すということを、真面目に追求することはすごくいいことだと思います。

でも、真面目に努力すること自体は方法のひとつであって目的ではありません。

真面目であることが目的になってしまうと非常に効率が悪くなるので、何かを学ぼうという際には注意が必要だと思います。

読解力を養う

独学というか、社会で生きていくうえで必要な情報をきちんと手に入れるためにも、**文章を読み、そこに書かれていることを正しく理解する力は欠かせません。**

知識というのは、多くが文字の状態で記録されています。

たとえば、コロナ関連の新しい情報を調べようとすると、英語圏の情報にきちんと当たれるかということも重要なのですが、そもそも文字が読めて読解力がないと必要な情報を見つけることができません。

文章の読解力に加え、映画や小説など第三者がつくったものを知っていくうちに他人の体験が自分の知識になったりもするので、さらに理解力が増したりもします。

そうやって新しい情報や知識を手に入れることで、人生がより楽しくなったり、給料が上がったりしていくのです。

そのためには、やはり「読解力」は養っておいたほうがいいです。

読解力がない人＝多数派の時代？

以前、日本の総理大臣だった安倍晋三さんが、総理主催の「桜を見る会」参加者について「募っているけど募集していない」と説明して、世間をズッコケさせたことがありました。

安倍さんに限ったことでなく、**「日本語を読めない人」が、もしかしたら多数派になりつつあるのかもしれないと感じます。**

たとえば、「子育て」専業主婦・主夫と「子育て＆フルタイム労働」のどちらがラクか、という問いがあったとします。

僕は「子育ても大変だけれど、それにフルタイム労働が加わればさらに大変」と思うわけですが、その意見に対し「専業主婦・主夫がいかに大変か」という主張を延々としてくる方がいたりします。

もちろん専業主婦・主夫も大変だと思います。ただ、そこにフルタイム労働が加われば、さらに大変になるのは明らか。

そういったこちらの意図を読み取れず、脊髄《せきずい》反射的に一言だけを切り取って判断され反論されたら、話が噛み合わない状況に陥ってしまいます。

また、僕の子ども時代の感想について答えたことに対し「ひろゆき氏が子どもだった時代とはもう違う」と噛みつかれたこともありました。でも、子ども時代に経験したことに対する当時の感想が、時代によって変わっていくほうがおかしいのですね。

ほかにも、「女性は容姿がよければ結婚ができて一生食いっぱぐれないが、男はイケメンでも20歳過ぎて仕事ができないと行き詰まると考えるような男の人には、女性の生きにくさが見えていない」的なことを言ったら、「ひろゆきは、女は顔がよければ何をしても食いっぱぐれないと思ってるのか！」といった具合に誤読されたりもします。

「と考えるような男の人には」と書いているので、僕自身の考えではないことは明白なのに、そこを読解しないで反論してくる人がいるのを見ると、日本語を読めない人はやはり多いのかも……と思ってしまうのです。

長文を読むのが苦手だというのは仕方のないことですが、それであれば、なるべくたくさんの文章を読むようにするとか、自分のレベルに合わせて訓練を積み重ねていくのがいいと思うのです。

どんな本を読んだらいい？

読解力を身につけるためには本などを読むといいのですが、**やはり自分が面白いと思う本を読むのがベストだと思います。**

自分がいかにたくさん本を読んでいて、いかにすごい本を読んでいるか、いかに難しい本を読んでいるかをアピールしてくる人はクズなので、そういう人がすすめてくる本を読んではいけません。

「ヘルマン・ヘッセの小説を読んでいる俺、カッコいい！」みたいなパッとしない人は、すすめてくる本も、大概、びっくりするくらいつまらない本だったりします。

実際に面白い本を読んでいる人は、「俺、１００冊も読んだよ」なんていう読書自慢をしません。「最近読んだ本で面白いのがあった？」と聞けば、「○○が面白かったよ。なんでかっていうとね……」という感じで、どこが面白いかを説明してくれると思います。

ちなみに僕は、電子書籍を読むこともありますが、紙の本のほうが好きです。

紙の本は「真ん中くらいのページのこの辺りに、こういうことが書いてあった」と物理的な感じで記憶に残るので、何かと便利だなと感じます。

余談ですが、僕は長時間座っていることに耐えられないので、紙の本を読んでいるときは寝転んでいるのですが、座っていても寝ていても読解力の習得には差が出ないと思うので、ラクな感じで読むことをオススメしたいと思います。

ひろゆきが考える「いい本」とは

ちなみに、僕が考える「いい本」とは、次の4つの条件を満たしているものです。

①今後10年以上も影響を与える技術や文化に関する話について書かれている
②結論に至る経緯と理由に筋が通っている
③資料から組み立てられていて、個人の感想を書いているわけではない
④一般的な〝常識〟とは違う結論や発見がある

そういった意味でも、**宮本武蔵の『五輪書《ごりんのしょ》』とイスラム教の聖典である『コーラン』は大いに役立つ一冊だと思います。**

どちらも著作権フリーですから、読みたければネット上で簡単に見つけて読むことができます。

『五輪書』は負け知らずに生きた宮本武蔵の兵法書ですね。

これを読むと、なぜ武蔵は無敗だったのかがわかるのですが、書かれていることによると、向かってくる敵が二人だろうが複数人だろうが、武蔵は常に「一対一」の状況をつくることに注力していたのですね。

この状況がつくれたら、「一対一」で勝つ力さえ身についていれば、相手が何人だろうが一緒という話なんです。

独学においても、「果たしてどこから手をつけたらいいのかわからない」という状況に陥って、手も足も出ない、みたいなことになりがちです。

そういうときは、この『五輪書』で武蔵が実践していることがすごく役に立ちます。

まずは最初の敵を見定めて、それを片づけることだけを考えればいい。

「いちばん厄介そうなこと」をまず片づけ、それ以外のことは置いておく。そうやって一番の厄介ごとを片づけたら、次は「2番目に厄介なこと」だけを片づける。それが終わったら3番目。

これは前述の箇条書きの考え方と同じで、やらなければいけないことの整理にもなりますよね。そうやって、やらなければいけない厄介事は常にひとつしかない、という状態にしていけば、仕事をこなすのもラクになるわけです。

もう一冊のオススメ、『コーラン』の紹介もしておきます。

イスラム教の考えはすべて、このコーランによって決められています。コーランに書かれていないものは正しくないし、書かれているものは正しい。

なので、コーランを一度読んでおけば、「イスラム教の人ってこう考えるよね」という「軸」が手に入ります。

某米調査機関によれば、世界のイスラム教徒は16億人（2010年時点）。キリスト教徒は21億7000万人で、世界第2位の宗教ですから、**コーラン一冊を読むだけで、それだけ大勢のイスラム教徒にとっての「考え方の基礎部分」を理解できる。**

つまり、効率がすごくいいのです。

このような感じで、名著として残る本は時代を超えて人々に読み継がれ、役に立ってきたものです。それらを自分の知識にできるというのに、「なんだか小難しそう」というような理由で敬遠していては、かなり損をしてしまうので気をつけましょう。

第5章

情報を集める

いちばん大事なのは好奇心

物知りとか博学とか、知識が豊富な人は「賢い」というイメージをもたれやすいですけど、僕の考えはちょっと違います。

というのも、今の時代、誰でも簡単に情報にアクセスできるからです。そんな時代に、すでに情報を知っているかどうかなんていうことはさほど重要ではありません。どんなに物知りであっても、ネット上にあふれている情報の量には絶対に敵いません。

本当の意味でのアタマのいい人は、情報を自ら取りにいったうえで、その情報を組み合わせたり応用したりしています。

なので、**いろんな情報を取りにいこうと思うモチベーションをもっているかどうか**

はかなり重要です。そして、自ら情報を取りにいこうというモチベーションが高い人は、デキる人になれる可能性があります。

そういう意味では、「あれはなんだろう」「どういうことだろう」「知りたい」「調べてみよう」と思うことのできる、好奇心が大切になってきます。

知識はググれば手に入る

「知性は年齢ではなく頭にある」というトルコのことわざがあります。

長く生きている人はほかの人よりも経験が豊富というのはありますが、ただ長生きしているだけで「賢い」なんていうことは言えないと思います。

「年齢を重ねた人には敬意をもって接しましょう」という儒教的な文化というか伝統は残っていてもいいと思いますが、それはあくまでもマナーとしての話です。

人類の歴史を振り返ってみればわかることなのですが、**つい最近まで、知識や情報というのは特権階級の人にしか手に入れられないものでした。**教会とか国家とか、そそういった限られた場所にしか書物は保管されておらず、そこにアクセスできる人は限られていた。

一部の人が知識や情報を独占していたからこそ、そういう人たちは「賢い人」でいられたわけです。

でも今の時代、誰でもその気にさえなれば、最新の知識や情報にアクセスできるようになりました。知識や情報を得るのは、いまや「誰にでもできること」というわけですね。

新しい知識をいかに吸収するか

それなら経験はどうでしょうか。

これまた昔に比べると、経験もそこまで重要ではなくなってきています。

たとえば20年前にＰＣについて博識だったとしても、その知識をもっているだけでは今のＩＴ業界では戦えません。

もし新しい情報をアップデートせず、20年前のITの知識しかもっていなければ、「スマホとは？」「クラウドとは？」と、アタマの中がはてなマークだらけの状態になってしまいます。

もちろん、20年前にPCの知識を得た経験がまったくの無駄だとは思いません。でも**今の時代に大事なのは、「現時点でどれだけの経験値があるか」ということに加えて、「新しい知識をいかに吸収するか」です。**

つまり、情報を取りにいく原動力となる「好奇心の強さ」が必要になるのですね。好奇心が強ければ、新しい知識や情報を自分からぐいぐい取りにいって吸収できます。

でも、残念ながら好奇心というのは、年をとるごとに下がりやすくなるものでもあるのです。

経験値が好奇心のジャマをする

年をとると単に記憶力が衰えて、新しいことを覚えるのが苦手になるということもありますが、それ以前に、すでに自分がもっている経験値に頼ってしまうというのがあると思います。

それまでに自分が得てきた知識だけで物事を判断してしまうことが増えるのですね。

たとえば、僕は「TikTok（短い動画をアップするアプリ）」のアカウントをつくっていません。

若い人たちは、TikTokが流行《はや》っているなあと思ったら、まずはアカウントをつくって、「どんなものなんだろう?」と触れることから始めますよね。

でも僕は、過去にあった「Vine（同じく、短い動画をアップするアプリ）」なんかを思い出しながら「ああいう感じだろうね」というふうに、経験値をもとに把握しようとする。そして、「別にやらなくてもいいかな」と判断してしまったりするのです。

つまり、**僕も40代半ばになって、好奇心が劣化しているのですね**。

これは、「老害」になりかけていると言ってもいいかもしれません。

20代のころの僕であれば、あれこれ考える前にさっさとアカウントをつくっていたと思います。アカウントなんて1分とかでつくれますし、TikTokは無料でアカウントをつくれるのだから、その仕組みに触れておいて損することは何もないです。

それなのに、無意識のうちに「アカウントはつくらなくていいや」という選択をしてしまっている。これは、新しいものを吸収してやろうという好奇心が鈍化しているという証拠ですよね。

だから、「知性は年齢ではなく頭にある」ということわざは、僕にとってはけっこうドキッとさせられる言葉だったりするのです。

年齢を重ねるほどに好奇心が減って知識を吸収しなくなるので、若くて好奇心の高い人のほうが知性を磨いていけるのではないか、ということですから。

「理解したつもり」という落とし穴

好奇心が鈍くなると、世界は固定化してしまいます。

その人の過去の経験の枠組みのなかだけで、今起きている現象を判断しようとするから、本質が見えにくくなる。

たとえばですが、「電気自動車が世界を席巻《せっけん》し、今後はすべて電気自動車に置き換わっていく」というニュースを見たとき、「日本では自動車産業が盛んだから、これからもつくっていけばいいのか」と、自分がもっている知識だけで理解したつもりになってしまう人はけっこう多いです。

ただ、そうやってニュースを表層的に理解したつもりになっていると、その人の思考は永遠にそこから先には広がりません。

でも、好奇心のある人は「えっ、そうなんだ。でも、なんで日本はいまだにエンジンの自動車をつくっているのだろう?」と思って調べたりする。すると、「日本はガソリンエンジンの技術で自動車産業が盛んになったから、電気自動車の時代になってエンジンがモーターに置き換わると、衰退してしまう」というような情報が出てくる。

そこでさらに、「この先、日本の自動車業界に就職するのは少し危ういな」とか「トヨタがウーブン・シティを立ち上げようとした理由は、自動車以外の商売を考えているからか」といった具合に、新しい視点がどんどん増えて、世界がどのようなキッカケのもとに、いかに複雑に動いているのかを、実感として理解していけるようになるのではないかと思うのです。

そういう好奇心がある人は、リアルタイムの新しい情報を取りにいこうとしますから、知識をどんどん吸収していけます。

とくに年齢が若いと、古い知識が蓄積していない分、好奇心を妨げるものは少ないと思います。

勉強でもいちばん大事なのは好奇心

好奇心旺盛に情報を取りにいって知識を吸収する。

これはつまり、勉強のことですよね。

勉強と聞くと、学校のテストや宿題など、すごくつまらないうえに強制的にやらされるもののようなイメージをもっている人は多いと思います。

だからこそ、勉強にいちばん大事なものは好奇心だと僕は思っているのですね。

物事に興味をもち「もっと知りたい」と思えるかどうかが勉強をするうえでは重要で、その勉強で得た知識を効率よく吸収したり、アウトプットしたりするために必要な情報処理能力は、情報を取りにいったあとで役に立つものです。

つまり、**まずは「好奇心がどれくらい強いか」で、その人の学びは決まると思うのです。**

たとえてみるなら、「これを勉強したい！」と考えるのが車のハンドルを動かす人で、「どこへ向かおうか、何を目指そうか」と行き先を決める行為が好奇心ということです。

そして、情報処理能力は、いうなればエンジンです。エンジンは目的地に到達するための原動力として必要不可欠です。

でも、**最も大切なのは、「どこへ向かうのか」ということ。**

正しい方向を見つけることのほうが大切なのですね。

たとえば、むちゃくちゃ足が速い人がいたとします。

足が速いというのも、「処理能力」のひとつといえますよね。

でも、せっかく俊足をもっているのに、本人が「走るのは嫌い」と思っていたら、その能力は活かされません。**せっかくの能力も「何かをやりたい」と思わなければ、使われることなく腐ってしまうだけ。**

「俺、短距離走でオリンピックを目指したい」と思って初めて、その方向に向かってなんらかのアクションを起こせるわけです。

だから、「これをやりたい」という好奇心のほうが大事だと僕は思います。

勉強でも同じことがいえます。

たとえば、台湾が大好きだから台湾に住みたい。じゃあ台湾の言葉を覚えよう、と行動するのが勉強です。台湾が好きで、もっとくわしく知りたいという好奇心があるから、向かう方向が定まります。**言葉をどうやって覚えるかという「方法」は、あとからいくらでもついてきます。**

絵を描くことがめちゃくちゃ好きだから、新しいマーカーの描き心地を試してみたい、新しい画風に挑戦してみたい。そう思えて初めて、具体的に動くことになる。

こういったことも、勉強といえますよね。

そういう意味では、自分が何かに興味をもったとき、漠然と「面白そうだなぁ」と思うだけにとどまらず、それを実際に調べてみるという癖をつけてくれるのが好奇心だと思います。

これについては、あとでもう少しくわしく書きます。

好奇心は成功のモチベーション

社会的に大成功している人のモチベーションは、何だと思いますか。お金でしょうか。

それとも、「社会に貢献したい」というような使命感みたいなものでしょうか。

僕は、本音のところでは、やっぱり好奇心だと思います。

一定の額を稼いでしまったら、お金だけが目的だとやる気がなくなります。だから、お金を稼ぐこと自体が目的だという人は、年収1億円を超えたらモチベーションを保てなくなると思います。

1年で1億円なんてとても使いきれません。

ものすごくヒマでひたすら消費だけできるのならば、頑張れば使いきれるかもしれませんが、1億円を稼ぐような人はそれほどヒマではないはずなので、結局、使うとしたら高級車とかマンションを買うしかなくなります。

そして、それは本当にお金を消費していることにはなりません。

その人の手元には、車やマンションといった「別の形での資産」が残るわけですから、1億円のお金を別の資産に変換しているにすぎないためです。

5万円の高級寿司を3日に1回食べたとしても、年間600万円くらいしか使えない。お金をたくさん消費するのって、実はそんなに簡単なことではないのですね。

ですから、**一定以上のお金を稼いでしまうと「もう使いきれない」ということがわかって、お金だけでモチベーションを保つことはできなくなります。**

では、ひたすら稼ぎ続けている楽天の三木谷浩史さんやソフトバンクの孫正義さんのモチベーションが何なのかというと、「俺の会社がトップじゃないと気に食わない」「あいつに負けたらムカつく！」というような自己承認欲求の世界の話になるのではないかな、と想像しています。

さらにそこすらも飛び越えて、自分の好奇心の赴くままに突っ走った果てにたどりつくのが、アップルの創設者であるスティーブ・ジョブズさんとか、スペースX社を創設し火星に人を送るプロジェクトを立ち上げているイーロン・マスクさんあたりになるのだと思います。

ジョブズさんは、アップルから年俸を1ドルしかもらわない「世界一、給料が安いCEO」として有名でしたし、マスクさんは破産寸前まで宇宙事業に私財を投じ続けました。

これが好奇心のままに動いた結果ではないとしたら、いったい何を目指しているのか理解不能としか言えません。

しびれる変人たち

ちなみに、ジョブズさんやマスクさんほどではないにしろ、僕もわりと好奇心が先行してしまうタイプです。

僕の父は北海道出身で、実家が牧場だったのですが、その牧場では牛の柵に電流が流れていました。牛が本気になったら柵なんて簡単に壊すことができるので、彼らをビビらせるために柵に電流を流していたわけです。

「この柵には電流が流れているから、触ったらいけないよ」と言われた小学生の僕は、もちろん迷わず触りました。**そして、触った瞬間に身体が吹っ飛びました。**

牛ですら、「ヤバい」と感じて近づきもしない柵を、僕は触ってしまう。「やってはいけない」と言われると、どうしても体験したくなる子どもだったのですね。

台湾で活躍中のオードリー・タンさんも、やっぱり感電したことがあるらしい。「濡れた指で触ると危険だからやめておけ」と言われたタンさんは、「わかった。じゃあ、乾いた指で触る！」と言って、ビリビリと感電したらしいと、筑波大学の登大遊《のぼりだいゆう》さんという先生が言っていました。

登さん自身もかなり面白い人なのですが、彼によると、「ちょっと変わっている人は感電したことのある率が高い」というのが体感としてあるそうです。

アタマのネジがちょっと違う感じの人というのは、「やってはいけないよ」とか「こんなふうになって危ないよ」と言われると、どうしても自分で経験してみたくなってしまうのですね。

3章でも書いたとおり、本来は前例とかに学んだほうが賢いと思うのですが、僕はアホみたいに経験に学ぶ派だったりします。

どうしても好奇心が先行してしまうのです。

「調べる癖」が真実への近道

確定した事実がないときも、好奇心をもっている人は自分でまず調べようとしますから、ある程度、正解にたどりつきやすいと思います。

新型コロナウイルスが日本でも騒がれ始めた、２０２０年2月末ごろのことを思い出してみてください。

当時は「日本人は日本株のＢＣＧワクチンを予防接種しているから感染拡大しない」とか、「夏になって温度や湿度が上がればコロナはなくなる」とかいうようなことを、きちんと調べもしないで言っている人が、それなりにいました。

でもまったく同じ時期、コロナウイルスの発生源といわれている中国・武漢では最高気温が24度。また、感染者が増えていたシンガポールでは最高気温が連日30度を越えており、湿度は80パーセント程度でした。

だから、「夏になれば収束する」なんていう可能性は低かった。

そんなことは、少し調べてみればわかることだったのです。

「日本株のBCGとコロナ罹患率って本当に関係しているのか？」ということだって、「そもそも日本株とは？」「BCGの予防接種をしている国はどこなんだ？」と調べていくと、BCGには日本株、ロシア株、フランス株などがあって、コロンビアではロシア株と日本株の両方を接種しているけど、「どちらの株を接種したか」によってコロナの罹患率は変わらなかった、という事実がすぐにわかるのです。

つまり、**興味をもったらすぐ調べてみるということを癖にしておくと、正解にたどりつく割合が増えます。**

もちろん、正解は誰にもわからないのだから、賢い人でも間違える可能性はあります。

でも、確定した事実が見えていないとき、落ちている情報をある程度きちんと拾ったうえで正しさを推測するという「論理」というものをもっている人のほうが、未知の分野に突っ込んでいくときにはラクです。

そして、そういう「調べる癖」というのは、好奇心のあるなしに左右されますから、好奇心のある人のほうが正しさを推測する力が高くなる、ということになるのです。

ざんねんな日本の教育

ところが、日本の学校というのは、そういう好奇心を潰す方向に力が働きがちです。「こういうことは、やるべきではありません」「この年齢では、こういう方法でやるべきです」といった具合に、子どもの自由な好奇心に、すぐ足枷《あしかせ》をはめようとします。

算数でも、先生から求められた計算式で解かないと、答えは正解でも「マル」がつかないことがあります。自分で考えて工夫して、理解して勉強した結果、「バツ」がついてしまったら、子どもの好奇心に冷や水を浴びせることになりかねません。

そういうところは「日本の教育の残念なところだな」と思わざるをえません。

情報は古くなる

情報を自分で取りにいくことは大切なのですが、情報を常にたくさん頭に入れておけばいいというものではありません。

というのも、**情報は瞬時に古くなっていくからです**。

古い情報や経験値があったとしても、新しい情報にアップデートしていかない限り役に立たないということは、この章のはじめに書いたとおりです。

新聞に書いてあることだって、活字になった瞬間は最新の情報であったとしても、状況は目まぐるしく変わっていきます。なので、1年後にはその大半が役に立たない情報になっています。

オウム真理教事件のように何年も語られるような情報であれば、その知識は役に立っと思いますが、そんな情報なんて、ごくわずか。

「天声人語」などに書かれている、「俺はこう思う」なんていうオジサンの持論を読んだところで、その人の考え方を知ることはできても知識にはならないし、「読むだけ時間のムダ」とすら思えてしまうのです。

モノ覚え競争に意味はない

このように、情報は日々新しくなっていくのに、日本の学校のテスト勉強は基本的にモノ覚え競争をやっているだけ。ググればすぐに出てくるような情報を必死に覚える気になれない僕は、そういった類いの勉強は苦手です。

大学の共通テストで「スマホ使用ＯＫ」にすれば、読解力に問題があって「問題文が理解できません」という人以外は、ほとんど全員が高得点を取るんじゃないかと思います。ググれば大半の答えは出てきますから、「ネット検索ＯＫ」で答えられない問題なんてほとんどないはずです。

そんなことをわざわざ記憶するために、時間と労力を消費することに何か意味があるとはとても思えません。

ネットさえ使えれば中学生にも答えられるようなことを、必死になって暗記しても仕方がないと感じるのは普通のことだと思います。

「暗記できること」は超重要

それでも、日本の教育は受験で志望校に行くことを目的としているので、モノ覚え競争みたいな状態になっています。

そんな教育には意味がないと思います。

ただ、僕は「暗記できること」自体は、実は重要だと思っています。

暗記する能力は、要はPCでいうところの「HDD（データを記録する装置）」の容量です。この容量は、鍛えなければ増えません。

ですので、相手が小学生や中学生であれば「暗記って、超大事だよ」と僕は伝えると思います。

スマホをもっていたら九九の答えを覚えている必要はないですが、「九九を覚えることができる」という能力自体には意味があります。

若いうちに、記憶するための能力をしっかり身につけておくべきです。

外国語は覚えてナンボ

ちなみに、言葉を喋《しゃべ》れるようになるのは「新しい単語を記憶できるかどうか」ということに尽きます。

たとえば、外国語で会話がしたければ、Google Translateなどの翻訳ツールを使えばある程度はどうにかなりますが、そういう翻訳ツールを経由してコミュニケーションをとるのか、カタコトでもその国の言葉で話そうとするのかで、その人に対する評価はまったく違ってきます。

たとえカタコトであっても、その国の言葉を覚えていたほうが断然有利です。

日本の芸能界には海外にルーツをもつ人気タレントさんもいますが、そういうタレントさんたちはほぼ全員、なんらかの日本語が喋れます。カタコトであっても日本語で話すことができる。

「ものすごく美人だけど、日本語はまったくできません」「常に通訳が必要です」なんていう人で、日本で大成功しているタレントさんを僕は知りません。

もはや世界現象になっているＢＴＳ（韓国のヒップホップグループ）だって、日本語でアピールすることに力を入れています。

言葉が喋れるだけで、その国での評価がガラリと変わります。

だから、若いうちはしっかり暗記する訓練もしてみてください。

必要な情報を探し出す

情報は日々アップデートされていくものです。

史実の解釈が後年の研究によってガラリと変わるということもよくありますよね。

なので、最新の情報を常に取り入れていかないといけません。

そこで大事なのは「正しい情報に正しくアクセスできるかどうか」ということです。

デマやフェイクニュースなども含め、いまやネットにはいろいろな情報があふれかえっていますから、その情報の山のなかから、自分にとって必要な情報をちゃんと探し出せる能力が必要です。

ですから、検索で正しい情報へアクセスすることが大事なのです。

それさえきちんとできれば、世の中の大半のことはわかりますし、たとえ答えがわからなくても、解決のためのヒントを得ることができます。

正しい情報の収集はなぜ必要か

2020年4月ごろ、「コロナにアビガン（インフルエンザの治療薬）が効く」ということが日本で話題になりました。

でも、僕は当時から「アビガンなんて効かない」とネットで発信していました。

それは僕個人の解釈や意見ではなく、**海外の治験の結果が出ていたから、それを事実として発信していただけです。**

「アビガンが効く」と日本で騒がれる前、すでに20年の2月ごろには、世界中の治療薬を中国が試し終えていて、「どれも効かない、コロナに治療薬は存在しない」という結果が出ていました。

ところが日本では、コロナに罹患《りかん》した芸能人が病院でアビガンを服用したあと退院し、「アビガンのおかげで助かりました」なんて発言することもあって、その言葉を鵜呑《うの》みにした人がたくさんいたために、「アビガンは効く」という間違った情報が一気に広まってしまった。

でも、やはりというか、当然なのですが、治験という裏づけのある情報によって、「アビガンには効果が認められなかった」という事実が国内でも判明しました。

なので、これらの情報に惑わされるような人は、正しい情報を収集できていない人だということになります。

デマやフェイクニュースに躍らされないためにも、何に裏づけされているのかを考えながら、正しい情報を収集していくことがとても大切です。

アメリカの大学での「放置プレイ」

必要な情報を自力で見つけ出す能力を僕が身につけられたのは、アメリカ留学での経験が大きかったと思います。

僕はアメリカの大学に留学していたので、両国の大学教育の違いを実感しています。

とくに印象的だったのは、日本がペーパーテスト中心であるのに対し、アメリカは講義の概要や文献をレポートにまとめるのが中心であること。しかも、先生は参考文献を教えてくれるわけでもなく、僕たち生徒は「こういうジャンルの本を読んで、レポートにまとめて提出してね」と言われるだけ。

どの本を読めばいいのかすらわからないので、最初は必要な本一冊を探し出すのにもずいぶん時間がかかりました。でも、それを繰り返すうち、必要な資料を探し出す能力が身についていきました。

必要な資料を自力で探し当てる能力（＝正しい検索の方法を知っていること）は、独学に必要不可欠です。そして、社会に出てからもとても役に立ちます。

学校と違い、社会では誰も「答え」を教えてくれません。

給料をもらいながら、仕事を教えてもらえるほど社会は甘くないのですね。もちろん前例のあることなら真似できますが、誰でも真似できるような仕事は過当競争に巻き込まれます。

だからこそ、「答えがないこと」を自分で探し出して、価値をつくり出さないといけない。**そのためには、必要と思われる情報を自力で探し出す能力が必要なのです。**

ツイッターで調べるバカ

正しい情報をどうやって探し出そうかというときに、手っ取り早くネットで検索をする人が多いと思うのですが、最近はツイッターやインスタグラムを使って最新の情報を調べようとする人がいたりします。

でも、**これは正しい情報を探し出す際の「間違い」の代表例。**

語弊があることを覚悟して言えば、基本、バカがすることです。

ツイッターやインスタグラムなどのSNSでは、ユーザーは基本的に自分の書きたいことしか書かないですし、アタマの悪い人でも誰でも好きなことを好きなだけ書くことができます。

元来、世の中はアタマの悪い人のほうが多いですから、多くの人が集まるSNSなどには間違った情報が掲載されている確率も高いです。

たとえば、僕が「毛糸の編み物」についてツイッターで発信していたとしても、単に酔っ払った素人が適当なことを書いているだけだし、そこに書かれていることなんて基本ウソです。

世の中のツイートの多くは「素人が間違ったことを言っているもの」と思ったほうがいいのです。

知りたい情報の種類、たとえば流行やトレンドを知るなどの意味では、利用できる部分も十二分にあります。ただ、正確な情報、とくに専門的な内容だったり、新型コロナウイルスのような未知の分野に関する情報というのは「信用できない」と思っておいたほうがいい。

仮に専門家が発言している情報だったとしても、その人の専門分野における正しい知識が1割あったとして、残りの9割は間違っていたりすることもあります。

SNSに掲載されている情報というのは「その程度のものなんだ」と思わないといけません。**SNSで何か真実が見つかるんじゃないかと考えて調べものをする人は、たいていバカなのです。**

どこから、どんな情報を得るか

たとえばですが、正しい情報を調べたいのであれば、ドメインが「ac.jp」に掲載されているものは間違っている確率が低いです。このドメインは、大学などの高等教育機関や学校法人のホームページを意味しています。

こういう感じで、**「どこの誰が発信をしているのか」で、それぞれのソースの信頼性について個別に判断することが大事だと思います。**

よくわからない個人がつくっているサイトなどであれば、そこに載っている情報は基本、「怪しいな」と注意して見たほうがいいと思いますが、名の知れている出版社の本に書いてあることだったり、官公庁や大学、公の研究機関などが発信していたりする情報であれば、「真実である可能性は高いな」と予測できる。

こういった具合です。

信頼性の話からはちょっとズレますが、何がなんでも「活字」で情報を取り入れるのがベストかというと、それはちょっと微妙です。もちろん、活字を読むのはいいことだと思いますし、本を読むのが大好きですという人はどんどん読むといいと思うのですが、**活字にこだわりすぎるのはちょっと時代遅れだと思います。**

どんな情報をどのように把握したいかによっては、活字よりも映像のほうがわかりやすい場合もあります。

たとえば、「相対性理論」を理解しようというとき、活字で解説しているものから読み解いていくのはかなりハードルが高いです。

文章で読むよりも、アニメーションや図解されたものを見たほうが、パッと感覚的にイメージを把握できたりする場合があるということも忘れないでください。

情報収集はまんべんなく

情報収集は特定の媒体に限定せず、広くいろいろな方向から集めたほうが、結果的に正しい情報にアクセスできる割合は増えると思います。

だから、僕は「ニューヨーク・タイムズ」などメディアごとのアプリは使いません。特定の新聞社のサイトを見るよりは、スマホだったらアイフォンやアンドロイドのＯＳがセレクトしているニュースを見たりしています（アイフォンだとホーム画面の左へスライドしたところに出てきます）。

「グノシー」などのニュースアプリも、入ってくる情報が日本のニュースばかりになるので使いません。もちろん日本語のサイトも見ますが、英語圏やフランス語圏のサイトを見るようにしています。

日本で言われていることが、英語圏だと全然違う話になっていることは、けっこうあります。

実際、日本国内のことは日本で決めますが、世界で起きている物事は日本以外の国にいる人たちによって決まっていくことが大半です。**みなさんが想像している以上に、日本という国が世界に及ぼす影響力というのは小さいのです。**

一方で、アメリカのバイデン大統領の発言であれば、世界に対して影響を及ぼすことが多い。昨今の中東問題でも、「菅さんが何を言うか」なんて、海外メディアはほとんど注目していないと思いますが、「バイデンさんがイスラエルとパレスチナの双方にどういうことを言うか」については世界が注目しているし、それによって世界情勢が変化することも多いです。

こういう感じなので、**日本語のサイトよりも英語圏のサイトのほうが、結果的には世界の状況について正しい情報を得られる確度が高くなると思います。**

あえて「偏ったメディア」にも注目

というようなことを踏まえたうえで、僕はあえて「右向き」といわれる人たちのツイッターなどを意図的にフォローしていたりもします。

それは正しい情報を得ようとしているわけではなくて、たとえば自民党のネット部隊が運営しているのではないかと目されているアカウントが、果たしてどんな情報を上げていて、どういう層がそれを見ているのか、どんなリアクションをしているのか、というようなことを情報として拾っておくためです。

ほかの例も挙げておきます。

2020年の米大統領選のときに、僕は「コロナウイルスへの感染対策を勝因として、バイデンさんが勝つんじゃないか」という予測を立てていたのですが、その際によく見ていたのが米FOXニュースでした。

なぜFOXなのかというと、ほかの多くの米メディアはわりと賢い人が運営していて、民主党候補のバイデンさん推しの人も多く、結果としてバイデンさん推しの報道をしがちだったからです。

とくに、CNNなど民主党寄りのメディアの報道は、「こうなってほしい」という「中の人」たちの願望が反映されていて、それがアメリカの真実に合っていないところもあった。**それで、4年前の選挙では大半のメディアの予想をひっくり返して、トランプさんが勝ったわけです。**

でも、FOXニュースは「ガチ」で共和党のトランプ推しです。なのでバイデンさん側のメディアの報道は話半分に聞いておいて、FOXがどういうことを報じているかを押さえておいたほうがいいなと思っていました。

20年の選挙では、FOXニュースでさえも「トランプ大統領はこんなことを言っているけど、この発言のこの部分はガセ。間違いですよ」と報じていたのを見て、「あ、FOXニュースでもここまで言うということは、さすがにアメリカの人たちもトランプのウソは見抜いているんだな」ということが見えてきました。

「自分が何を知りたいか」ということに合わせて、あえて反対の方向から情報を拾う。正しい情報を得るためには、こういったテクニックもわりと大切なんだと思います。

陰謀論にハマる真面目な人たち

逆に、「自分が信じたい情報だけを一生懸命に集める」というようなことをしていると、陰謀論にハマる人たちみたいになってしまいます。

トランプさん支持者のなかにも、陰謀論にハマっている人たちがたくさんいました。

日本でも、作家の百田尚樹さんやそのお友達の有本香さんなど、「米大統領選では、本当はトランプが勝っていたんだ」というようなことを、選挙が終わったあともずっと言い続けている人たちがいました。

そういう人たちというのは、実はけっこう真面目なタイプが多いのです。「世の中はこうあるべきだ」と考えて自分の理想を追求しようとする。結果、そのために都合のいい情報を一生懸命集めてしまったりするわけです。

真面目ではない人は、よくわからないものは「よくわからん」と言って、よくわからないままにしておきます。

でも、陰謀論にハマる人は「思った以上に世界は悪くなっている」「ディープ・ステートという金持ち連合の組織が世界を悪くしているから、それを退治すれば世界はよくなるんだ」というようなわかりやすいストーリーを組み立てて、「世界をよくするためにどうすればいいか？」と考え、情報を集める。

日本でも、悪いことはなんでもかんでも安倍晋三元首相のせいにする人たちがいました。「安倍さんさえ辞めさせることができたら、日本はよくなるのに……」というように、スケープゴート的に単一の原因を求めてしまう。

複雑な物事を複雑なまま理解すること

当たり前ですが「特定の悪い人が世界を悪くしている」などというのは、時代劇とかゲームの世界での考え方で、**現実の社会はそんなシンプルな構造では成り立っていません。**でも、複雑な物事を複雑なまま理解することができないので、なんでも簡略化してとらえようとしてしまう。

「いい子」であればあるほど、こういう陰謀論にダマされやすかったりします。

世の中をもっとよくしたいというモチベーションがあるので、一種の使命感のようなものに突き動かされて調べものに没頭し、自分が信じたいと思う理論にはまる「証拠」を必死になってかき集めてしまうのです。

2020年の米国大統領選では「バイデン陣営による不正投票があった」なんていう主張とともに、トランプ陣営が裁判を起こしたりもしましたが、証拠がなくてすべて却下されました。それでも「いや、本当は不正があったんだ」と信じ続けてしまう人たちがいます。

かたや、クズな人は、そもそも「世の中をよくしよう」なんて思っていませんから、陰謀論にもハマりにくいです。

世の中は、単一の原因だけで悪くなるほど単純ではない。

なので、複雑な物事は複雑なまま理解していくしかないのです。

第6章

効率アップする

スピードはそれほど大事じゃない

スピードってそんなに大事でしょうか?

仕事や勉強がはかどらずイライラしてしまうとか、ダメな自分に嫌気がさしてしまうという人も多いみたいですが、たとえばメールを1通書くのに30分かかってしまうのであれば、「30分かかってしまいます」でいいと思うのです。

僕は小学生のころにわりと足が速くて、50メートル走なんかをやるとクラスで1、2番でした。

でも社会に出たとき「50メートル走が速いです」と言ったところで、泥棒にでもならない限り、何の役にも立ちません。めちゃくちゃ足が速くて才能ある人であれば、スポーツに活かすこともできるのでしょうけど、そこに到達できるのはほんのひと握りの人だけです。

何が言いたいかというと、社会に出てみると「タイムの速さ」というのはそれほど重要ではないということです。

もちろん、速いに越したことはないのですが、それでどうしようもないものができるくらいなら、ある程度の時間はかかってもいいと思うのです。

別にメールを3分で返せなくてもいい。それよりも、きちんとゴールできることのほうが大事。つまり、決められた期限内にちゃんとした成果を出すことができれば、途中のプロセスというのはどうでもよかったりするのです。

メールの即レスなんていらない

僕は「4chan」という画像掲示板の管理者をやっているのですが、そこで働いてもらっているエンジニアの人とは基本メールベースでやり取りをしています。

「こんなことをやりたいけど、どう？」とか「システムがバグったからよろしく」といったことをメールで送る。そのあと何度かメールでやり取りをして、しばらくたってから「できたよ」と連絡がもらえるわけですが、僕は相手に即レスを求めません。お互い、メールの返信が半日後ないし場合によっては数日後というのもけっこう当たり前のこと。

僕にしてみれば、「1週間でできるよ」と言ってくれた仕事だったら、1週間後に仕上げてくれればいいだけです。その人が猛スピードで仕事を終わらせようが、締め切りギリギリになって一気に仕上げようが、どうでもいいことです。

肝心なのは「これだったら、これくらいの時間でできます」という約束が守れるかどうか。

作業が遅いという人もそんなに気に病む必要はなくて、事前に「すごく速い人であれば2週間くらいでできるとは思いますが、自分の場合は1カ月くらい欲しいです。いいですか?」というすり合わせさえできていれば、まったく問題ないと思います。

大切なのは習得した中身

独学に関しても、同じことが言えると思います。

たとえば、35歳でJavaScriptを勉強し始めて、理解するのに3カ月かかった人と半年かかった人がいたとします。

はっきり言ってそんなことは超どうでもいいです。

学んだものをアウトプットする期間のほうが全然長いですよね。アウトプットする期間が10年とかになると、学んだ期間が3カ月長いとか短いとかいうのは誤差のレベル。きちんとJavaScriptが学習できているのであれば、それでいいのです。

社会では、きちんと習得できているかどうかのほうがずっと重要です。

英語学習でも同じですね。

半年でマスターしようが、3年かかろうが、「ちゃんと英語が喋《しゃべ》れているならいいじゃん」という話。「どれくらいの期間でマスターしましたか？」なんて普通は聞かれもしません。

自分のスキルを上げるのに、どれだけ時間をかけてもいいと思うし、別にトップ・オブ・トップを目指す必要もない。仕事だったら「この作業を締め切りまでにやってください」というのを守ればいいだけ。ゆっくりでも大丈夫です。

でも、学校というのは無駄に速さを競わせるような部分があったりします。それで、「速いほうが優秀」という価値観を植えつけられてしまっている人も多いとは思いますが、**社会人になってまで速さを競う必要は基本的にありません。**

むしろ「間違えない」「ちゃんとできている」ということのほうが大事なのです。

締め切りから逆算する

とはいえ独学の場合、学校での勉強や仕事と違って、テストや課題、納期などといった明確な締め切りがありません。なので、無駄に時間ばかりかかってしまうことがありますし、やるべきことを先延ばしにしてしまうという人も多いと思います。

突然ですが、みなさんは夏休みの宿題をいつまでに終わらせていたでしょうか。

僕は、「夏休みの宿題をどのタイミングでやるか」で、けっこうその人の人生は決まると思っています。

たとえば、7月中にすべての宿題を先に片づけてしまう優等生タイプの子。ちょこちょこ積み重ねていって、無理なく終わらせる要領のいい子。締め切りギリギリになって一気に終わらせる子。

この「小学生くらいのころの性格」というのは、大人になっても基本的に一生変わらないような気がしています。

「どれくらいで終わる？」という見積もり

僕はというと、8月31日までまったく手をつけませんでした。

なぜかというと、「8月31日に本気出せば終わる」ということがわかっていたからです。つまり、夏休みの宿題のボリュームや内容を事前にざっくり把握して、どれぐらいで終わるのかという見積もりだけはやっていたのです。

そのうえで、「学校が爆破されてなくなっちゃえば、宿題なんかやらなくて済むのになあ」なんていうバカなことを考えつつ、8月31日になったら死ぬ気で頑張る。

これは僕のその後の生き方をそのまま反映していて、いまだにやりたくないことは締め切りギリギリまでやりませんしできません。

それでも、**「どれくらい時間をかければ終わるか」という逆算だけは必ずやるようにしています。**

「2時間頑張れば終わる」とわかれば、締め切りの2時間前に手をつける。この時点ではもう「やる」という選択肢しかありません。だって2時間はかかるのですから。

そういう感じで必死に終わらせるわけです。

締め切りをつくるメリット

独学に締め切りはありません。

ゆっくりしたペースで学んでも、なんら問題ないと思います。でも、たとえば資格を取りたいのであれば、「まだ実力不足だな」なんて言ってないで、とりあえず試験に申し込むことをオススメします。

たとえ勉強していなかったとしても、**テストに申し込み、意図的に締め切りをつくることで自分を追い込めるからです**。

試験の日時は決まっています。たとえば「2カ月後」に試験があるとしたら、少なからず不安な気持ちになりますよね。すると「2カ月後に合格しなきゃ」という目標に向けて、逆算して動くしかなくなります。

それから、周囲の人に「試験を受ける」と公言してみる。

誰にも言わないでいると、途中で面倒になったり、自信がなくなったりしたときに、逃げ出したい衝動に駆られてけっこうアッサリ受験をやめてしまうということも起こりうるのですが、それではせっかくの時間とお金がムダになってしまいます。

家族や恋人、会社であれば職場の人に**「2カ月後に簿記の試験を受けます」などと公言して、自分で退路を断ってみる。**

いつもダラけて、締め切りギリギリまで動かない僕でも、さすがに資格のテストが1週間後に迫っていたら「これだけは覚えなくちゃいけない」と焦りが出ます。

ただし、テストを申し込むにしても、結果を出すのに最低限必要な勉強時間はこれくらいだろう、という見積もりをしたうえで申し込むべきです。

その見積もりを誤って無理な締め切りを設定しても、結果がついてこないどころか身につくことも少なくなってしまいますから。

お金も「逆算」すると頑張れる

話が横道に逸《そ》れますが、仕事や勉強に限らず、将来設計をするうえでもこうした

「逆算」の考え方は役に立ちます。

たとえば、「お金を稼がないで一生ダラダラ暮らすにはいくらくらい必要なんだろう？」ということを考えるとき。

仕事が好きで仕方がないなら全然いいのですが、お金を稼ぐのがしんどくなってきたときに、死ぬまでに必要なお金の総額を見積もって、そこから逆算すれば、「あと何年くらい働けばいいよね」ということが見えてきます。

これは実は意義が大きくて、**この予測ができるようになると、わりと前向きに頑張れるようになったりするのですね。**

これまで話してきたように、ゴールがあったほうが人は努力しやすいです。

「月に20万円あれば暮らせます」という人は、年間２４０万円が必要。そして、仮に90歳くらいまで生きることを見積もって、そこまでの年数で計算すると、自分が今後必要なお金の総額というのがわかるわけです。

仮に1億円の貯金ができれば、その資産運用で利率が年5パーセントだとしても５００万円くらいになるので、生活費に加えて海外旅行とかもできるよね、というようなことまでイメージすることもできます。

うまく記憶する

独学をするうえで、ある程度の記憶力は必要だと思います。

でも、僕は物事を覚えるのがすごく苦手です。

おそらく記憶力がいい人というのは、それぞれの記憶をいろいろなラベルを貼ったアタマの中の「引き出し」に整理して覚えているのだと思います。そして、必要に応じてそのラベルを確認して引き出しを開き、記憶を引っ張り出しているのではないかなと想像しています。記憶にタグづけしている感じですね。

僕はというと、ラベルつきの引き出しに小分けせず、あらゆる記憶を大きなおもちゃ箱のなかにすべて突っ込んでしまっているような状態なので、必要なときに「引き出し」からサッと記憶が出てこない。人の名前とか単語とか、本当に思い出せません。

でも記憶力が悪いからといって、学ぶことに大きな支障はないと思います。

覚えられないなら対策を考える

記憶力には個人差があります。

記憶力が悪いのなら、悪いという前提で対策を考えればいいだけの話だと思います。

ちなみに僕は記憶力が悪すぎるので、仕事で忘れては困ることなども平気で忘れてしまいます。

これはかなり問題です。

なので、仕事で重要なことはテキストベースで記録して保存をしています。そうすれば、あとからワード検索をかけて探し出すことができるので便利だったりします。

ただ、僕の場合は本当に記憶力がないので、テキストで記録して保存をしたとしても、そのテキストを保存したことを思い出せないどころか、テキストをつくったことすら忘れてしまうのです。

そこで僕がとったのが「そもそもテキストベースにもしないし、覚えない」という行動でした。

そのうえで、たとえば仕事の打ち合わせをするときには、相手の人に「あとで議事録を送ってもらえますか」とお願いするようにしているのですね。

これで仕事が回るのであれば、記憶力が悪くても大丈夫。

あまり参考にならない例で恐縮ですが、**要は自分の能力を補うための対策をすることが大事なのです。**

「忘れたときの思い出し方」を覚えておく

小学校のころ、新しい漢字を覚えたり、九九を覚えたりしなければならないときに「反復練習」というのをやった人は多いと思います。

「同じことを言い続ける」「ノートにひたすら書き続ける」という原始的な覚え方ですが、たしかに記憶に定着はするものの、あまり効率のいいやり方とは言えないと思います。

僕自身、大人になってから気づいたことなのですが、**「忘れたときの思い出し方」を決めておいてそれを覚えておく、というやり方はけっこう効率がいいです。**

そのひとつが、名前と理屈を紐《ひも》づけて覚えるという方法。

これを知っていたからといって人生で何ひとつ得をすることのない、「ワケギに球根はついているかどうか？」という問いに対する答えを思い出す方法を例として挙げてみます。

ワケギは、玉ねぎでしょうか？　それともネギでしょうか？

ちなみに、玉ねぎは球根そのものですが、ネギには球根はついていません。

ワケギって「ワケ」＋「(ネ)ギ」という、ネギが分かれているような名前ですよね。つまり、ネギが分かれて、玉ねぎと合体したのがワケギだということ。

だから、ネギと玉ねぎの雑種であるワケギには「球根がある」というふうに覚えておけばいいのです。

これは記憶力のよしあしとはまったく関係なくて、「忘れたときの思い出し方」としてのテクニックです。

英単語をラクに覚えるテクニック

同じことが、英単語の覚え方に関しても言えると思います。

『英単語の語源図鑑』(かんき出版)という本がベストセラーになりましたけど、英単語にはそれぞれ語源がある。

「Injection(注入する)」であれば、「in(中に)」「ject(投げる)」「ion(もの)」という語源から成っています。

「ject＝投げる」のイメージを記憶していれば、これを軸に、

「pro(前に)」＋「ject(投げる)」で「映し出す」

「re(後ろに)」＋「ject(投げる)」で「拒否する」

「e（外に）」＋「ject（投げる）」で「外に出す」

といった具合に、**言葉の思い出し方が芋づる式につながっていくわけです。**

もともとの記憶力が高くなくてもテクニックでなんとかなる、という好例だと思います。

「エピソード記憶」は忘れにくい

もうひとつ、テクニックを紹介しておきましょう。

記憶をエピソードとして覚えてしまうというやり方です。

子どものころ、無理やり「百人一首」を暗記させられたという人も多いと思います。でも、今ではほぼ忘れていますよね。

あるいは、小学校で毎日黒板を眺めてはノートに書き写していたはずなのに、先生が板書した内容を思い出そうとしても、何ひとつとしてアタマに思い浮かばなかったりします。

ところが、先生に怒られて廊下に立たされた理由だったり、友達に何かを言って傷つけてしまったこと、あるいは他人から言われて嫌だったことなど、**自分の人生でリアルに起こったことの記憶というのは忘れにくいものです。**

だから、何かを覚えなければいけないときには「エピソード記憶」として覚えるようにすると覚えやすいのです。

人間は自分が興味のないもの、自分に関係ないものをほとんど記憶しません。

逆に、驚いたとか怖かったとか、すごくうれしかったとか、何かの感情の動きが大きければ大きいほど記憶には残りやすいそうです。自分につながるエピソードとして記憶すると、周辺のすごくどうでもいいことまで一緒に覚えていたりします。

興味がある人はぜひググってみてください。

集中力を高める

物事がうまくいく人の特徴のひとつとして、「集中力が高い」ということが言えると思います。

何か必要なことがあれば、そこにものすごい勢いで突っ込んでいって、納得がいくまでとことん調べてしまうタイプの人は、成功するパターンが多い気がします。

集中力が高い人は効率よく学べますから、独学するうえでもなかなか重要な能力だといえます。

アマゾンの創業者に、ジェフ・ベゾスさんというオジサンがいます。

この人は集中力が高すぎて、いったん考えごとを始めてしまうと、たとえ次の会議があっても動かなくなります。ひたすら椅子に座ったまま考え続けるそうです。

仕方がないから、まわりのスタッフがじっと考え続けるベゾスさんの椅子を押して次の会議室へ「運ぶ」らしいです。

こういうすさまじい集中力をもつ人が、成功者のなかにはけっこう多く見られます。

集中できれば効率がよくなる

集中力が長く続けば続くほど、物事を進める能力は高くなります。

たとえば、歌のレッスンをしている場合。

「一日3時間くらいは平気で歌い続けていられます」という人と、「一日1時間くらいなら歌えます」という人がいたとすると、3時間歌い続けられる人のほうが力は伸びやすいです。

プログラミングなどはとくにそうです。

プログラミングの学習は間が空いてしまうと、感覚を取り戻すまでにけっこう時間がかかるので、気分がノッてきたときには6時間でも8時間でも、ぶっ続けでやったほうが効率的です。

「一日3時間ずつやろう」などと区切ってしまうと、効率も悪いし、集中力もブッ切りになって失敗しがちです。

そして、集中力が長く持続する人というのは「何かを習得しよう」「覚えよう」というときにも集中が続くので、一気に効率よく吸収できることが多いです。

だから、**追求したいこと、好きなことがある人は、興味のおもむくままにガッツリ没頭して、集中力をキープできる時間をできるだけ伸ばしていくようにするといいと思います。**

その結果、習熟度も上がるはずです。

4章でも書いたとおり、「好きじゃないもの」に集中するのは誰にとっても苦行になりますから、やっぱり「好き」という気持ちは努力に勝るのですね。

誰でも身に覚えのあることだと思いますが、好きなことをやっているときというのは6時間だろうが8時間だろうが、時間がたつのすら忘れてしまいます。

逆に、イヤなことをやっていると、「さっきから何分たった」ということばかり気になります。時計の針がものすごくゆっくり動いているように感じてしまうのです。

注意力が散漫な人はこれに注意！

僕は注意力が散漫になりやすいので、いろいろと気をつけるようにしていることがあります。

まず、２つ以上のことをいっぺんにやらない。

何かをやっている最中に別の何かに気をとられてしまうと、最初にやっていたことを忘れてしまうので、何かをしている間は、それ以外のことは意識的に目に入れないようにしています。

たとえばゴミを捨てに行くとき。別のことが目に入ると、ゴミを捨てるということを途中で忘れてほかのことを始めてしまったりするので、いろいろなものを見ない、もたない、触らない。

また、作業する部屋もあえて殺風景にしています。ユーチューブの配信やリモートでテレビ出演している際の映像を見てもらえれば、理解してもらえると思います。

俳優さんや女優さんのポスターなんかを壁に貼っている人もいると思いますが、人間は「人の顔」「人の目」があるとつい見てしまう習性があるので、そこに注意が引っ張られてしまうみたいなのですね。

なので、ポスターはもちろんのこと、僕の場合は絵やカレンダーなどなど余計なものを部屋に置かないようにしています。

目から入ってくる情報量が少なければ少ないほど、そちらに意識が逸れることがなくなるので、集中しやすくなるからですね。

集中したいのに気が散ってしまうという人は、部屋や壁をきれいな状態にしておくというのを試してみてください。

ダラダラやっても時間のムダ

先ほど、集中力は長時間持続するほど「効率がいい」と書きました。

でも、僕自身は短期型です。

一日6時間、何かをやり続けろと言われてもおそらく不可能です。大好きなゲームでもずっと同じ作業を6時間もやるのはなかなか厳しいです。

一方で、短期の集中を何度も繰り返すことは大して苦になりません。

だから、短時間集中して、少しダラダラ遊んではまた短時間集中して、というターンを一日に何度も繰り返すスタイルのほうが僕には向いています。

こうやって**自分に向いているやり方を見つけられれば、効率よく集中する時間をつくることができます。**

集中力が長く続かない人が無理やり机にかじりついていても、作業が進まないのであれば、それは単なる時間の浪費にすぎません。

僕が意識しているのは、作業に飽きてきたとき、疲れてきたときにダラダラと作業を続けないことです。ラジオを聞いたり映画を見たりと、いったん別のことをします。

そして、それ以上に大切にしているのは「眠くなったらすぐに寝る」ということです。

睡眠は必要なものなので、**「一日6時間は勉強しなくちゃいけないから、眠くても頑張る」などという努力は本当に無意味です。**

勉強をしなければいけないのに、横になったら寝すぎてしまいそうで怖いという考えもあるとは思いますが、何日も徹夜が続いたあとでもなければ一日12時間以上寝るなんていうことはなかなかできません。

それに、ある程度の睡眠をとっていれば、時間を気にせず寝ていたとしても、人間、本当にやらなければいけないことがあれば適当なところで目が覚めるものです。

10代のころ、睡眠不足な日にどうしても寝てはいけない会議があったので「一日2錠までしか飲んではいけない」というカフェインの錠剤を8錠飲んだのですが、その30分後には爆睡していました。

たとえ横になれなくても、どんなにうるさい環境であっても、あらゆることをシャットアウトしてぐっすり眠ることができる僕は、「眠ること」に関しての集中力が高いのだと思います。

僕個人の特性を差し引いたとしても、こういうことが起きるのは、それほどまでに

「人間にとって睡眠は大事」だということの証拠ではないかと思うのです。

無理をしない

ここまで、独学をするうえで大切なことをいろいろな角度から取り上げてきました。5章でも書きましたが、ある程度正しく検索ができていれば、必要な情報を集めることはできます。

意外に重要なのは、「これを調べたい」と思ったときにちゃんと調べられるだけの体力です。

たとえば、調べたいことがあるので、英語で書かれた文献のなかから必要な情報を探し出さなければいけないという状況があったとします。

きちんとした情報を集めようとすると、英文で書かれたサイトを10個くらい見たり、そこに掲載されている論文を読んだりしなければいけません。

でも、英語で書かれている論文をきちんと読むのは、けっこう骨が折れるし面倒くさい作業です。

なので、**集中力や心の余裕が必要になるわけですが、こういったものを支えているのは何かというと、実は体力なのですね。**

いくら好奇心があってやりたいことをやっていても、体力がなければ途中で止まってしまいます。勉強には体力が必要なのです。

寝てないとバカになる

睡眠は脳のパフォーマンスに大きな影響を及ぼします。

「一日4、5時間寝れば十分」というショートスリーパーの人は問題ないのですが、本当は8時間の睡眠が必要なのに、「忙しくて4時間、5時間しか睡眠時間がとれていない」という人の場合、残念ながらものすごくアタマが悪くなっています。

まず、**睡眠不足だと脳のメモリーの容量がすごく減ります**。

人間は通常、ランダムな数字を7～9個くらいは覚えられます。

電話番号を言われてもだいたい暗記できるものなのですが、睡眠をしっかりとっていない人は脳のメモリーが減っているので覚えられません。

さらに、簡単な計算もできなくなります。

「13×17」くらいの計算であれば、あわてずちゃんと時間をかければノートに書かなくてもアタマの中でできてしまうはずなのに、できなくなるのですね。

だからミスが増えますし、バカになるだけでなく怒りっぽくなったりもします。

睡眠不足だと、普段はできるような計算もできないバカになるというのは、至極当たり前のことのような気もするのですが、**アタマのよさを目指しているような「意識高い系」の人ほど、睡眠をないがしろにしがちな傾向があったりします**。

「何かをしなきゃいけない」とか「どうにかなりたい」「何者かになりたい」と思っている人というのは、「自分が行動した結果で変わる」と思い込みがちです。

だから、睡眠時間を削ってまで動きたがる傾向があります。

睡眠は「まったく動かないこと」なので、意識高い系の人には時間の浪費のように思えるのかもしれませんが、睡眠不足の結果として、能力値がかなり下がることをきちんと意識したほうがいいです。

無理を続けて身体を壊してしまえば、動くことすらできなくなってしまいます。

脳の疲労で「疑う力」も低下する

余談になりますが、オウム真理教の麻原彰晃さんがつくった洗脳システムは、かなり綿密に計算されたものでした。

信者の人たちを道場に集め、食事をあまり食べさせない、睡眠も十分にとらせない、というような環境のなかで修行させていたのですね。

そうやって**疲れがたまっていくと、人間は思考能力がどんどん失われていき、「疑う」という力も低下していきます**。そして、音や光といったものに感覚が左右されやすくなり、周囲の出来事に身をゆだねがちになる。

最盛時、教団には一万人を超える信者がいたそうです。高学歴の優秀な人でも洗脳されてしまったくらいですから、睡眠不足の状態がいかに人の思考能力や判断能力を低下させるかということは理解してもらえると思います。

本能には逆らわない

赤ちゃんは眠いと寝ます。

寝つきが悪くて親を困らせる赤ちゃんもいますが、基本的に「眠いと寝る」というのが生き物の本能です。

ところが、どういうわけか人間は本能に抗《あらが》おうとします。

たとえば「眠くなったのに寝ない」というおかしな行動をとり始めるのが、だいたい中学生くらいからです。お酒を飲む、タバコを吸う、辛いものを食べるといった身体に悪いことを始めるのも、早い子であれば中学生くらいから。

これは「本能を乗り越える理性」というものを手に入れるということです。

「寝たいという本能に逆らう理性」にあまりメリットを感じないので、僕は本能に逆らわずすぐに寝てしまうわけですが、**眠いときにはさっさと寝てしまったほうが学ぶための基礎体力もつきます。**

そうやって本能に従って生活していると、わりと健康な状態を保てるのですが、「昼夜逆転はよくない」という思い込みから、朝どうしても起きられないという人が必死になって起きて、朝から無理に動こうとすることがあります。

これでは、かえって効率が悪くなると僕は思っています。

「タバコは身体に悪いから」と無理をしてやめたら、そのストレスで身体を壊してしまう人もいます。

昼夜逆転しても普通に健康的に暮らせるのであれば、そのままで問題ない。**フクロウに「昼間に起きて生活しろ！」と言っても身体を壊しますよね。**昼夜逆転していても健康だという人は、それが自分に合った生活スタイルだということです。

少し脱線しますが、朝起きられないという人には、仕事として頭脳労働を選ぶことをオススメします。時間や場所に縛られず、働きたいときに働いていいという仕事は、だいたい頭脳労働だからです。

0章でも書いたように、頭脳労働で生きていくためにはわりと大卒の資格が重要になることが多いので、朝起きるのが苦手な人は大学を卒業しておいたほうがいいと思います。繰り返しになりますが、人は過去の実績や資格をみて他人の能力を判断することが多いのです。

誰しも初めから実績があるわけではないので、それなりに優秀であることの証明書として、大卒という肩書きや行政書士みたいな資格をもっていると「ああ、この人はそれなりにアタマがいいのか」と思ってもらいやすくなるので便利です。

「休みない演奏は楽器を傷める」

僕は普段、予定がなければ6〜8時間くらい寝ているのですが、やらなければいけないことがある場合は3時間、4時間と細切れで睡眠をとることもよくあります。

このスタイルは浪人時代から変わっていません。

当時は3時間昼寝して、7時間勉強して、6時間寝て、次は8時間勉強して、「合計で9時間寝ました」というような日々を過ごしていました。

眠りの長さや質、元気に活動できる時間帯などは人それぞれです。

ショートスリーパーの人は睡眠時間が短くてもすごく深い眠りについていて、寝ている間は何をやっても起きないというようなこともあるらしいです。

学び方と同様、それぞれの身体に合った眠り方を見つけるのがいいと思います。

「休みのない演奏は楽器を傷める」ということわざが、アフリカにはあるそうです。

たしかに、楽器というのはたまにオーバーホールしないとわりとすぐに壊れるようで、バイオリンのような楽器でもバラしてニスを塗り直したりするそうです。

だから人間も、休むときにはしっかり休んだほうがいい。

これは至極当然の話で、誰しもが理解していることのはずなのに、実践できていない人も大勢います。結局そういう人は「アタマの悪い人である」ということなのではないかと思うのです。

おわりに

「椅子とりゲーム」をしたことのある人は大勢いると思います。

当然、最後まで勝ちに抜くためには、まわりのみんながどうやって動くのか、そのために自分がどうやって動いていけばいいのかを考える必要があります。

相手が何も考えていないバカであれば、椅子をとれる可能性は高くなりますが、相手の運動神経が優れていたり、戦略的だったりすると、こちらもそれなりに考えて行動しないと勝てませんよね。

んで、令和というのは、すでに「椅子とりゲーム」の時代になっています。

空いている席が少ないので、みんなと同じことをやっていると、それだけでどんどん損をしてしまう世の中になっているのですね。

教科書どおりのやり方で真面目に努力していれば、「なんとかなるよ」「報われるよ」という時代ではないですし、まわりにいる大人たちに言われたとおりにやっていれば「うまくやれた」昭和や平成の時代とも違います。

みんなが同じことをやっていても、それぞれがちゃんと稼ぐことができて、日本も豊かになっていきますよ、という状況が、昭和の経済成長のときにはありました。

当時は人口が右肩上がりに増え続けていたので、それが可能だったのですね。だから、勉強をしていい成績をとり、いい大学に入り、大企業に勤めることがよしとされていたわけです。

「経済が右肩上がりで、大企業は潰れない」という前提があれば、それも理解できます。

でも、昨今の日本は不景気で、世界基準からみてもけっして賃金は高くないです。

政治家は票田である高齢者を優遇する政策をとりがちなので、少子高齢化も進んでいて、今後は経済のパイが縮小していくことが確実視されているわけです。

そういう時代には、他人と違うやり方を見つけて、「おいしい」ポジションを自力でとりにいく要領のよさは重要で、それをうまくやれない人は食いっぱぐれる可能性が高くなってしまいます。


もちろん、社会情勢は刻一刻と変化していくので、常に疑問をもち、時代に合わせた思考で「独学」をしていく必要があると思うのです。

最後まで読んでもらったのに、こんなことを書くのは心苦しいですが、本書では僕なりの独学についての方法を書いているものの、そこにある言葉さえも「疑ってかかる力」というのが、現代においては必要だと思っています。

だって、この世の中は「答えの出ない問題」だらけなのですから。

ひろゆき

ひろゆき（西村博之）

1976年、神奈川県生まれ。東京都に移り、中央大学に進学。在学中に、アメリカ・アーカンソー州に留学。1999年、インターネットの匿名掲示板「2ちゃんねる」を開設し、管理人になる。2005年、株式会社ニワンゴの取締役管理人に就任し、「ニコニコ動画」を開始。2009年に「2ちゃんねる」の譲渡を発表。2015年、英語圏最大の匿名掲示板「4chan」の管理人に。2019年、「ペンギン村」をリリース。おもな著書に『1%の努力』（ダイヤモンド社）、『働き方 完全無双』（大和書房）、『叩かれるから今まで黙っておいた「世の中の真実」』（三笠書房）などがある。

装丁・本文デザイン　小口翔平＋畑中茜（tobufune）
カバー写真　林紘輝（扶桑社）
本文DTP　一條麻耶子
構成　大友麻子

無敵の独学術

2021年7月16日　第1刷発行

著者　ひろゆき
発行人　蓮見清一
発行所　株式会社 宝島社
〒102-8388
東京都千代田区一番町25番地
電話(営業)03-3234-4621
(編集)03-3239-0646
https://tkj.jp

印刷・製本　サンケイ総合印刷株式会社

ISBN 978-4-299-01761-1